墨香财经学术文库

“十二五”辽宁省重点图书出版规划项目

The Reputation Contagion Effect of Accounting Information
—Based on the Research of Business Groups

乔 菲 ◎ 著

会计信息的声誉传染效应
——基于企业集团的研究

东北财经大学出版社
Dongbei University of Finance & Economics Press
大连

图书在版编目（CIP）数据

会计信息的声誉传染效应：基于企业集团的研究 / 乔菲著．—大连：东北财经大学出版社，2022.12

（墨香财经学术文库）

ISBN 978-7-5654-4716-7

Ⅰ.会…　Ⅱ.乔…　Ⅲ.企业会计-会计信息-研究-中国　Ⅳ.F275.2

中国版本图书馆CIP数据核字（2022）第234972号

东北财经大学出版社出版发行

大连市黑石礁尖山街217号　邮政编码　116025

网　　址：http：//www.dufep.cn

读者信箱：dufep @ dufe.edu.cn

大连永盛印业有限公司印刷

幅面尺寸：170mm×240mm　字数：189千字　印张：12.75　插页：1

2022年12月第1版　　　　2022年12月第1次印刷

责任编辑：时　博　高　鹏　　责任校对：合　力

　　　　　李　彬　徐　群

封面设计：冀贵收　　　　版式设计：原　皓

定价：52.00元

教学支持　售后服务　联系电话：（0411）84710309

如有印装质量问题，请联系营销部：（0411）84710711

本书获得东北财经大学出版基金、教育部人文社会科学研究青年基金项目（21YJC790094）资助。

前言

自从Ball和Brown（1968）将会计信息和资本市场联系起来，关于会计信息价值相关性的研究一直是实证会计研究领域的重点。目前，对价值相关性的研究已不再局限于利润、净资产和现金流量等会计信息，现有研究还发现市场占有率、成长性、战略和研发等非会计信息，以及同行业企业破产、财务重述和股票分割等关联企业的信息都会对股票价格产生影响。然而，这些研究大都关注信息与股票价格之间的直接关系，忽略了一个重要的中间环节，即投资者对所获取信息的信任程度，也就是会计信息的声誉。投资者对会计信息的信任程度不同，采取的处理方式不同，所引起的股票价格的波动必然也不同。

声誉是某事物在他人看来的印象和声望。会计信息的声誉是投资者对企业披露的盈余信息的信任程度。已有研究指出，企业的财务重述和违规行为会削弱投资者对其之后各季度盈余公告的信任程度，损害会计信息的声誉，但尚未有研究证实关联企业的信息是否也会损害目标企业会计信息的声誉，即是否存在会计信息的声誉传染效应。本书借助在我国普遍存在的企业集团这一组织形式，对会计信息的声誉传染效应进行探讨。

企业集团作为一种广泛存在的组织形式，在世界各国尤其是新兴市场中发挥着重要的作用。在中国，企业集团同样在经济发展和资本市场中扮演着举足轻重的角色。据统计，2013年中国前1 000大企业集团的营业收入为53.07万亿元，占国内生产总值的比例高达90.25%。对企业集团的研究不仅可以拓展现有关于企业理论和企业边界的研究，还可以为发展中国家与发达国家资本市场的不同经济现象提供解释，有助于我们更好地理解新兴市场国家的经济发展和企业行为。

目前，关于企业集团的研究大都集中于探讨企业集团的掏空行为和支持行为，但不论掏空行为还是支持行为，都表明集团内部不同企业之间存在着紧密的经济联系，这使得成员企业之间的相互影响尤为可能。因此，本书预期一家企业的信息披露违规行为会削弱投资者对集团内非违规企业盈余信息的信任程度，损害非违规企业会计信息的声誉。据此，本书将以企业集团为背景，展开对会计信息声誉传染效应的研究。具体来说，本书将围绕这一主题依次对以下四个紧密相连的问题进行探讨：

（1）集团内一家企业的信息披露违规是否会影响非违规成员企业会计信息的声誉，即会计信息的声誉传染效应是否存在？

（2）上述会计信息声誉传染效应的作用机理是什么？

（3）如何缓解上述会计信息声誉传染效应的负面影响？

（4）非违规成员企业的声誉损失会如何影响其企业价值？

以上四个研究问题逻辑清晰、层层递进，依次解决会计信息的声誉传染效应“是否存在→作用机制→应对措施→经济后果”这四个问题。

本书的研究具有重要的理论价值和现实意义。首先，本书从会计信息声誉的角度丰富了价值相关性的研究文献。以往关于价值相关性的文献主要集中于研究会计信息、非会计信息和关联企业的信息与目标企业股票价格之间的直接关系，忽略了会计信息声誉这一中间环节，更鲜有研究探讨关联企业的信息对目标企业会计信息声誉的影响这一传染效应。本书试图以企业集团为视角，对会计信息的声誉传染效应进行探讨，并进一步考察会计信息声誉传染效应的作用机制、应对措施和经济后果，弥补了现有文献的不足。

其次，本书的研究为企业集团这一组织结构可能带来的经济后果提供了进一步的经验证据。目前，关于企业集团的研究主要集中于探讨企业集团对资源配置效率的影响，企业集团是否促进了掏空行为和支持行为，以及集团成员企业在经营业绩、股票价格和企业风险等方面的传染效应。与之不同，本书关注了一个重要但却更为隐性的话题，也就是同一集团内会计信息可信度相互传染的问题。本书预期并证实了，集团内一家企业的信息披露违规行为将影响利益相关者对其他成员企业会计信息可信度的评价。

再次，本书为审计师变更和审计意见影响因素的研究提供了新的视角。以往的研究发现，受到监管部门的违规处罚后，违规企业更易更换审计师，而且违规企业更容易被审计师出具非标准意见的审计报告。本书研究发现，并未发生违规但受到违规丑闻影响的集团内非违规企业也更倾向于更换审计师，而且也更有可能被出具非标准审计意见。这样的结论，一方面说明审计师变更领域也存在传染效应，丰富了审计师变更领域的研究视角；另一方面也指出影响审计风险的因素不仅来自企业内部或外部环境，还可能来自所隶属的企业集团这一中间组织，拓展了审计意见影响因素的研究。

最后，本书的研究对于加强我国资本市场的风险管控具有重要的政策意义。本书研究结论表明，企业集团在缓解外部不完善市场的负面效应的同时，通过成员企业之间的声誉风险传染效应，在某些情况下反而有可能加剧市场的不稳定性。

乔　菲

2022年10月

目录

第1章　导论

本章将首先介绍本书的研究背景，并据此提出本书的主要研究问题和研究思路；其次，对核心概念进行界定；再次，介绍本书的研究方法和各章节的结构安排；最后，阐述本研究的理论意义和实践价值。

1.1　研究背景

自从Ball和Brown（1968）将会计信息和股票价格联系起来，会计信息价值相关性的研究一直是实证会计领域的研究重点。自此，众多学者使用与Ball和Brown相似的方法进行会计信息与资本市场的研究，证实了会计信息的披露（会计盈余、净资产和现金流量等）与股票价格的波动相关（Easton和Harris，1991；Ohlson，1995；Collis等，1999）。随后，关于价值相关性的研究已不仅局限于会计信息，非会计信息价值相关性的研究亦逐渐兴起，现有研究表明，市场占有率（Amir和Lev，1996）、公司战略（Cuellar等，2006；叶康涛等，2014）和企业研发（Doukas和Switzer，1992；Woolridge，1988；邵红霞和方军雄，2006；

Wyatt，2008；王燕妮和张书菊，2011）等非会计信息也具有显著的市场反应。更进一步地，价值相关性的研究又拓展到关联企业的信息对目标企业股票价格的影响，例如，Lang和Stulz（1992）研究指出，平均而言，一家企业的破产会使其竞争对手的股票价值缩水1%，但对于高集中度、低杠杆率的行业来说，一家企业的破产会使其竞争对手的股票价值增长2.2%；Tawatnuntachai和D'Mello（2002）研究发现，当一家企业宣布股票分割的利好消息后，行业内其他企业在公告期间产生了显著为正的超额收益；Akhigbe和Madura（2008）则指出向下的盈余重述导致了同行业内其他企业股东财富的损失。然而，以上研究都是探讨会计信息、非会计信息和关联企业的信息与股票价格之间的直接关系，而忽略了一个重要的中间环节，即投资者对所取得信息的信任程度，也就是会计信息的声誉。投资者对信息的信任程度不同，采取的处理方式不同，所引起的股票价格的波动也应不同。

目前关于会计信息声誉的研究成果并不丰硕，仅证实了企业披露的信息对本企业会计信息声誉的影响，例如，Chen等（2014）基于美国资本市场财务重述事件，研究发现企业发生财务重述后，投资者对该企业财务报告的信任程度降低，具体表现为财务重述后季度盈余公告所能引起的股票价格波动的降低。在声誉的传染效应上，Morrison和White（2013）证实了银行间的声誉传染效应。他们指出，一家银行的倒闭将削弱公众对银行监管机构能力的信心，进而削弱公众对同一监管机构下其他银行的信心。具体来说，一家银行的倒闭将导致储户陆续从其他没有关联的第二家银行提取资金或拒绝将资金投资到第二家银行，尽管第二家银行的基本面信息并未发生改变。根据本书对已有文献的了解，尚未有经验证据证实关联企业的信息是否会影响目标企业会计信息的声誉，即企业之间会计信息的声誉传染效应。有鉴于此，本书拟利用中国资本市场上企业集团的数据，来考察可能存在的会计信息的声誉传染效应，以弥补现有文献在这方面的不足，并进一步深化现有研究对会计信息价值相关性的理解。

传染效应描述了群体中一个或单个个体的负面冲击对其他个体产生的溢出效应，这种效应源自个体之间的联系。传染效应最初是从国家间关联的角度出发，解释货币危机在国际社会中的扩散现象。在资本市场上，通过网络结构产生的传染效应已在多个维度被证实。例如，传染效应可以通过相同的行业、董事、审计师或担保网络等外部网络渠道发生，具体地，Gleason等（2008）发现企业的财务重述会导致处于相同行业的企业股票价格降低；Chiu等（2013）指出，拥有同一位董事会成员的两家企业在盈余管理的程度上更加接近；Francis和Michas（2013）发现公司之间聘请同一家会计师事务所而产生的联结关系是低质量审计传染效应的重要渠道；刘海明等（2016）考察了担保网络的传染效应，研究发现网络中一家企业业绩较差时，这一负面冲击会传递给担保网络中的其他企业，导致其他企业也发生业绩下滑。总而言之，趋同的经济目标以及共享的社会网络使得同一类群体中的个体行为更为类似，进而产生了传染效应。

与上述外部网络传播渠道不同，传染效应也可能通过企业集团这一内部网络渠道发生。企业集团是一种广泛存在的组织形式，在世界各国尤其是新兴市场中发挥着重要的作用。在美国等发达资本市场上，上市公司大部分都是独立存在的，与之不同，在我国的资本市场上，几乎所有的上市公司都隶属于某一企业集团（Jia等，2013）。据统计，2013年中国前1 000大企业集团的营业收入为53.07万亿元[①]，占国内生产总值的比例高达90.25%[②]。由此可见，企业集团在我国经济发展和资本市场中扮演着举足轻重的角色，对企业集团的研究不仅可以为发展中国家与发达国家资本市场的不同经济现象提供解释（Khanna和Yafeh，2007），还能帮助我们更好地理解新兴市场国家的经济发展和企业行为。

集团成员企业之间存在着频繁而广泛的经济联系，涉及财务共享（张瑞君等，2010），产品或资产的购销业务、担保业务和资金交易（陈艳利等，2014），并购活动（Bae等，2002），税收业务（刘行和李小荣，2012），以及研发活动（黄俊和陈信元，2011）等企业生产经营的方方面面。集团化运作形成了一个内部的资本市场，降低了交易成本，提升了企业价值（“支持假说”，Khanna和Palepu，1997，2000），但也为控股股东通过关联方交易掏空上市公司提供了更为便捷的通道（“掏空假说”，

① 张文魁. 中国大企业集团年度发展报告（紫皮书）·2013年［M］. 北京：中国发展出版社，2014.

② 国内生产总值的数据来源于中华人民共和国国家统计局官方网站公布的《2015中国统计年鉴》。

Johnson等，2000）。众多学者对企业集团的支持效应（肖星和王琨，2006；李焰等，2007；李增泉等，2008；Jian和Wong，2008；Williams和Taylor，2013）和掏空效应（Bae等，2002；Bertrand等，2002；李增泉等，2004；高雷等，2006；申明浩，2008；邵军和刘志远，2008；杨锦之等，2010）进行了充分的探讨。然而，不论是掏空行为，还是支持行为，都说明企业集团内部不同企业之间存在着紧密的经济联系，这使得成员企业之间的相互影响成为可能，进而产生传染效应。现有研究提供了部分的证据，黄俊等（2013）实证检验发现集团内某一企业遭遇业绩大幅下滑时，这一负面效应也导致其他成员企业经营绩效下降，而且其他成员企业与业绩下滑企业之间联系越紧密，其他成员企业业绩下降得越严重；赵艳秉和李青原（2016）的研究发现一家企业的财务重述会导致同一集团内其他非重述企业股票价格的下降；纳鹏杰等（2017）的研究指出，当集团内某一上市公司风险上升时，其他成员企业的风险也会上升。

基于以上探讨，集团内一家企业的信息披露丑闻，很可能损害投资者对企业集团内所有成员企业在信息披露方面的信心，产生会计信息的声誉传染效应。因此，本书立足于我国资本市场的特征，利用丰富的企业集团数据，对会计信息的声誉传染效应进行考察，并深入讨论会计信息声誉传染效应的作用机制、应对措施和经济后果等问题，以期丰富现有文献对会计信息声誉传染效应和企业集团经济后果的认识。

1.2 研究问题与研究思路

本书选取上市公司因信息披露违规而受到监管部门处罚这一外生事件为切入点，考察企业集团内部成员企业之间会计信息的声誉传染效应。之所以选取违规事件，是因为已有研究发现上市公司违规与董事背景（Agrawal和Chadha，2005）、薪酬体系（Burns和Kedia，2006；Johnson等，2009）、股权结构（梁杰等，2004；Chen等，2006；陆瑶等，2012）和董事会特征（蔡志岳和吴世农，2007）等因素有关，而同一集团内的企业在这些公司治理特征上具有极大的相似性。因此，从投资者的角度来看，当某家成员企业发生证券市场信息披露违规时，集团内部其他企业也可能存在类似的信息披露方面的问题，从而使得投资者对其他成员企业披露的会计信息产生怀疑。

本书的行文思路是按照会计信息的声誉传染效应“是否存在→作用机制→应对措施→经济后果”这样一个完整的逻辑链条展开，具体而言，本书拟解决以下四个问题：

（1）一家企业的信息披露违规事件是否会削弱投资者对集团内其他非违规企业会计信息的信任程度，即会计信息的声誉传染效应是否存在？

（2）如果上述会计信息的声誉传染效应存在，那么其作用机制是什么？

（3）如何缓解负面会计信息声誉传染效应的影响，即会计信息声誉传染效应的应对措施有哪些？

（4）非违规成员企业的声誉损失会如何影响其企业价值？

根据以上逻辑框架，本书的总体研究思路如图1-1所示。

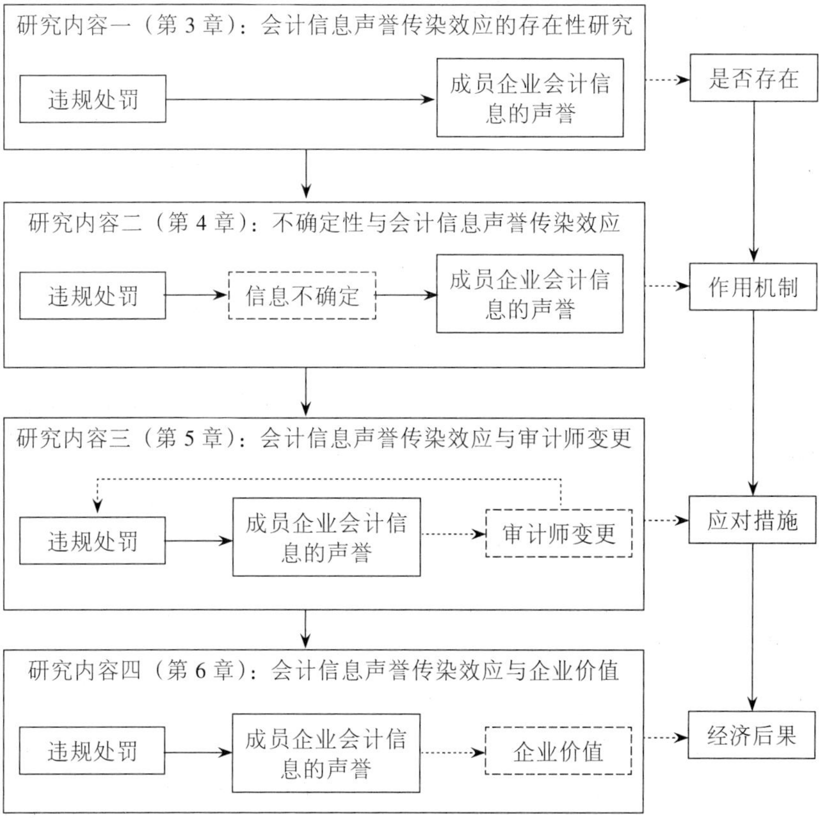

图1-1　本书研究思路

1.3 核心概念界定

1.3.1 会计信息的声誉

（1）声誉的来源及定义

声誉这一概念来源于西方，对声誉的研究最早可追溯至Adam Smith（亚当·斯密）。Smith（1776）在阐释教师薪金、教学业绩与声誉三者的关系时，指出声誉对教师起到了隐性激励作用。

在20世纪70年代，Fama将声誉的概念引入了经济学领域。他在探讨针对职业经理人的激励措施时提及了声誉的激励作用，指出即使企业内部激励不足，当职业经理人考虑到外部的声誉压力和个人的未来价值时，也会放弃可能导致道德风险的行为而努力工作。

目前对声誉的定义尚未形成统一的认识，不同学科对声誉的定义不同。比如，从经济学视角看，声誉是一种信号或属性（Weigelt和Camerer，1988），是外部群体基于一个组织过去的表现而对其作出的主观判断（Herbig和Milewicz，1995）；从战略视角，声誉被看作一种资产或进入壁垒（Caves和Porter，1977）；从营销学视角看，声誉是外部主体对企业直接或间接的感受或信息加工过程（Petty和Cacioppo，1986）；从社会学视角看，声誉则代表了社会对个体声望的综合评价，具有何种声誉，实际上意味着其处于社会网络的哪一阶层（Shapiro，1987；Dimaggio和Powell，1983；张维迎，2013）；从组织学视角看，企业声誉则蕴含在企业的身份或文化之中（Dutton和Dukerich，1991）。此外，还有学者认为声誉是一种资产，可以带来未来租金收益（Wilson，1985）。

Barnett（2006）在系统回顾了声誉的定义之后，认为声誉可以归纳为以下三类：第一类是意识类定义，认为声誉是各种与感知相关的集合，抑或知识或情感的表现；第二类是评价类定义，即利益相关者对群体或个体的评价；第三类是资产类定义，认为声誉是一种无形资产或经济资源。

（2）会计信息声誉的定义

声誉具体是指声望名誉。进一步地，声望是指众人所仰望的名声；名誉即名声；而名声的含义是在社会上流传的评价。由此，声誉的字面含义应为“在社会上流传的评价”。英文对 Reputation 的定义为 the general estimation that public has for a person。综合以上，一个主体的声誉本意是指社会公众对这一主体的综合评价，也就是 Barnett（2006）所归纳的声誉的评价类定义，本书对声誉的定义也借鉴于此。

在企业信息披露这一情形设定下，会计信息的声誉即是社会公众或投资者对企业会计信息的评价。假定企业披露的会计信息只有可信和不可信两种情况，如果投资者对企业会计信息的评价是不可信，那么这样的会计信息的声誉较差；反之，如果投资者认为企业披露的会计信息具有较高的可信度，那么这样的会计信息就具有高声誉。

当然，投资者对会计信息的评价可能是多方面的，本书之所以专注于考察会计信息的可信度这一方面，是因为公众的信任或信心是声誉形成的基础（雷宇，2016），投资者对会计信息的其他评价也都是建立在信任的程度之上[①]，即只有先判断所获取的会计信息的真假，才能再对这些会计信息做出进一步的评价，进而采取一定的行动或措施。

（3）会计信息声誉的衡量

现实中，无论是个人、企业，还是国家，其声誉的形成都是一个积累的过程。人们总是“听其言、观其行”，通过大量的观察和分析形成对某事物的判断。一般来说，当我们第一次遇到某个人时，我们对他的品性有个先验的判断，然后再根据他的所作所为不断修正自己的判断（张维迎，2013）。同样地，在资本市场上，投资者会根据企业以往的财务报告和信息披露行为形成对企业信息披露质量的一个预期，再根据企业随后的披露行为和其他信息来不断修正和完善自己对该企业的判断。

按照信息披露有关规定，上市公司需要定期披露季度财务报告、半

① 信任的重要性正在受到越来越多学者的关注（La Porta 等，1997；Ashraf 等，2006；Guiso 等，2008，2009；Sapienza 等，2013）。

年度财务报告和年度财务报告，因此在这样长时间的反复博弈中，投资者已然形成了对企业会计信息可信度的有效预期（朱凯等，2009）。但对于突发的一次性信息披露丑闻，由于没有以往的信息可借鉴，投资者无法通过反复博弈进行准确预测，从而使得投资者调整原已形成的对企业会计信息的判断和评价，降低对企业会计信息的信任程度，使得会计信息的声誉受损。由此可见，本书可以借助一次性负面突发事件的冲击，来捕捉企业会计信息声誉的变化，以此来考察可能存在的声誉传染效应。

之所以借助负面事件的冲击来观察声誉，是因为声誉的一个重要特点是好名声的形成需要漫长的时间，很难一蹴而就，而坏名声可以一朝形成，并传播迅速（张维迎，2013）。在信息不对称的情形下，集体心理更倾向于信任“坏名声”而质疑“好名声”，因此，坏消息总是比好消息流通性强，常言道“好事不出门，坏事传千里”。博弈论和信息经济学指出，好事不一定传递消息，但坏事肯定传递消息。因此，根据声誉传播的这一特点，本书在考察声誉的传染效应时，并未选取传递好消息的正面事件为研究对象，而是选取企业因为信息披露违规而受到处罚这一外生的负面事件为研究的切入点。

从 Ball 和 Brown（1968）开展对于盈余信息与股票价格之间关系的研究以来，资本市场的研究证据都表明更高的会计盈余意味着更强劲的未来现金流，进而导致股价的上升，并且股价对盈余公告的反应程度取决于投资者对盈余信息的信任程度，信息可信度越高，股价反应程度越强烈（Holthausen 和 Verrecchia，1988；Teoh 和 Wong，1993；Chen 等，2014）。设想这样一种情况，即使企业披露的会计信息质量再高，但由于丑闻的影响，投资者并不信任企业披露的信息，那么这样高质量的盈余信息也无法引起股票价格应有的波动。因此，本书使用盈余公告所能引起的股票价格的波动（盈余反应系数），来衡量企业会计信息的声誉。

Chen 等（2014）考察了财务重述前后季度盈余公告的盈余反应系数的变化，研究发现，与财务重述之前相比，重述企业在重述事件之后的盈余反应系数显著降低，说明财务重述事件损害了投资者对本企业会计信息质量的信心，会计信息的声誉受损。与以上研究方法相似，本书选取证券市场信息披露违规这一外生事件为切入点，考察这在这一事件前后季度盈余反应系数的变化。由于本书研究的主题是声誉的传染效应，即研究集团内企业的行为是否会影响其他成员企业会计信息的声誉，而非探讨该企业会计信息的声誉，所以本书专注于研究集团内一家企业的信息披露违规事件对非违规成员企业盈余反应系数的影响，具体来说，本书考察与信息披露违规前相比，非违规成员企业在这一事件后的盈余反应系数是否显著降低。

1.3.2 企业集团

企业集团（Business Groups），通常是以控股母公司为主体，通过控股或参股子公司而构成的企业法人联合体。集团母公司通常能够直接或间接控股子公司，或者通过章程安排能够参与子公司的日常经营活动，参与重大经营决策。那么，只要存在控制与被控制的关系，都可视为企业集团。按照此种定义，我国的全部上市公司几乎都可视作附属于某个企业集团（Jia等，2013）。考虑到非上市公司并不拥有众多的投资者，而且非上市公司也没有公开披露信息的义务，因此只有上市公司才具有会计信息的声誉。又由于监管部门对信息披露违规的处罚也仅针对上市公司，有鉴于此，本书所研究的企业集团实际上是包括两家及以上A股上市公司的企业集团。

根据国泰安数据库中实际控制人和直接控制人信息，结合上市公司年报（来源于巨潮资讯网），本书作者手工整理了2008—2014年包括两家及以上A股上市公司的企业集团的信息。以2008年为起点，是因为2007年实施了新的会计准则，重新定义和规范了基本每股收益和稀释每股收益的计算和列报，而且本书变量的计算需要使用滞后期的每股收益数据，因此以2008年为样本选择的起点可以保证指标计算的一致性，避免准则变动对本研究的干扰。以2014年为样本选择的终点，是因为2015年中共中央、国务院印发了《关于深化国有企业改革的指导意见》，鼓励国有企业集团改革重组和集体上市，这样做的后果一是导致国有企业集团边界的模糊和集团内成员企业的难以识别，二是国有企业集团的改革重组会影响投资者对所有国有企业集团或某一国有企业集团前景的预期，对本书的研究产生干扰。因此，本书收集的企业集团的信息截止到2014年。在实证检验中，由于本书是通过将违规事件前的盈余反应系数与违规事件后的盈余反应系数相对比来考察声誉的传染效应，因此，本书实证检验的样本期间实际为2007—2015年。

如果多家上市公司的实际控制人是政府机构（比如国务院国资委、地方国资委和财政部等），那么本书追溯到了实际控制人的下面一级单位。比如：2014年中国航天科工集团旗下A股上市公司包括航天信息（600217）、航天通信（600677）、航天晨光（600501）、航天长峰（600855）、航天科技（000901）和航天电器（002025）。虽然中国航天科工集团由国务院国资委100%控股，但国务院国资委并不直接参与其日常经营管理活动，所以本书仅追溯至中国航天科工集团这一级单位，认为上述六家上市公司附属于同一企业集团。本书对企业集团的定义与伍利娜等（2012）、王春飞等（2013），以及甄红线等（2015）的研究一致。

1.4 研究方法

本书采用规范分析和实证检验相结合、理论研究和实验证据相统一的研究方法。

首先，本书采用规范研究的方法，通过对相关理论和现象的解读阐述会计信息声誉传染效应存在的理论基础；通过对价值相关性和声誉相关文献的回顾，指出现有研究往往忽略了声誉对会计信息与股票价格之间关系的影响，而且以往对声誉的研究集中于对企业声誉和中介机构声誉的考察，总结出现有文献的不足之处，进而提出本书的研究问题；对企业集团和传染效应相关文献的归纳，也使我们认识到集团内传染效应存在的可能，为后文对集团内传染效应的检验提供理论依据。与此同时，本书还结合相关理论和文献，围绕会计信息声誉传染效应的作用机制、应对措施和经济后果等问题，提出具体的研究假设，为实证检验指明方向。

其次，在理论分析的基础之上，本书采用实证研究方法对本书的研究问题进行逐一论证。具体来说，本书使用多元回归的方法检验会计信息声誉传染效应的存在性（第3章）；使用分组回归的方法考察会计信息声誉传染效应的作用路径，具体来说考察是否因为信息不确定性的存在才导致集团内会计信息声誉传染效应的发生（第4章）；使用配对样本回归的方法检验信息披露违规和非违规企业审计师变更的因果关系，采用分组回归的方法检验审计师变更在挽回声誉上的作用（第5章）。

最后，本书使用事件研究法来考察会计信息的声誉传染效应在市场反应层面的直接经济后果，即检验其对企业价值的影响（第6章）。本书分析所用的企业集团的信息由作者手工收集和整理得到，其他数据来源于国泰安（CSMAR）数据库，数据分析采用SAS 9.4和STATA 13.1进行处理。

1.5 本书结构安排

本书一共有七章，各章安排具体如下：

第1章为本书的导论。这一章首先从研究现状和实践背景出发，提出本书的研究问题，构思本书的研究框架。接着，对核心概念进行界定，并简要介绍了本书拟采用的研究方法。最后，简要说明本书各章节的结构安排，提炼本研究的理论意义和现实意义。第1章是对本书的简要概括，也是接下来各章节行文的导论。

第2章是理论基础与文献回顾。在理论基础部分，本书介绍了与本研究相关的信号传递理论和传染效应，为后文论述会计信息声誉传染效应的存在奠定基础。在文献回顾部分，首先，本书总结了价值相关性和声誉的相关研究，指出以往对会计信息声誉的关注甚少；其次，本书回顾了传染效应和企业集团的相关研究，说明集团内企业之间会计信息声誉相互传染的可能。

第3章利用我国企业集团的数据，检验了会计信息的声誉传染效应是否存在这一问题。一家企业因信息披露违规而受到监管部门的处罚后，会导致资本市场参与者对同一集团内其他非违规成员企业的会计信息产生怀疑，损害后者会计信息的声誉。本章预测并证实了这一假设，具体来说，一家企业的处罚信号会引起投资者对集团内非违规成员企业会计信息的怀疑，表现为非违规企业事后季度盈余公告所能引起的股价波动的降低，即盈余反应系数的降低。

第4章考察了上述会计信息声誉传染效应的作用机制。非违规企业的投资者之所以会利用集团内违规处罚的信息来对非违规企业进行评价和判断，是因为非违规企业的未来盈余具有不确定性，投资者需要使用其他公开的信息来修正其对未来盈余的预测。而且，不确定性程度越高，投资者越依赖集团内其他企业披露的信息来对非违规企业进行判断。本章证实了信息不确定性对会计信息声誉传染效应的作用。

第5章考察了会计信息声誉传染效应的应对措施。当集团内非违规企业意识到上述传染效应的存在时，会积极采取措施挽回投资者对本企业会计信息质量的信心。本章实证检验发现当集团内一家企业发生信息披露违规后，非违规企业更倾向于更换审计师，而且更换审计师的措施可以缓解会计信息的负面声誉传染效应。

第6章实证检验了会计信息声誉传染效应对企业价值的影响。既然集团内的违规事件会降低投资者对其他成员企业会计信息的评价，那么在处罚公告的短时间窗口内，投资者预期的这一改变应体现在股票价格上。本章通过单变量检验证实了这一股票价格的波动，并发现非违规企业的市场反应与违规企业的市场反应显著正相关。

第7章为本研究的研究结论、研究局限和研究展望。本章首先对主要研究结论进行了简要的概括和总结，在此基础之上提炼出本书的研究启示和现实的政策建议，并进一步指出了本书存在的不足之处及对未来研究的展望。

根据上述研究内容和章节安排，本书结构示意图如图1-2所示。

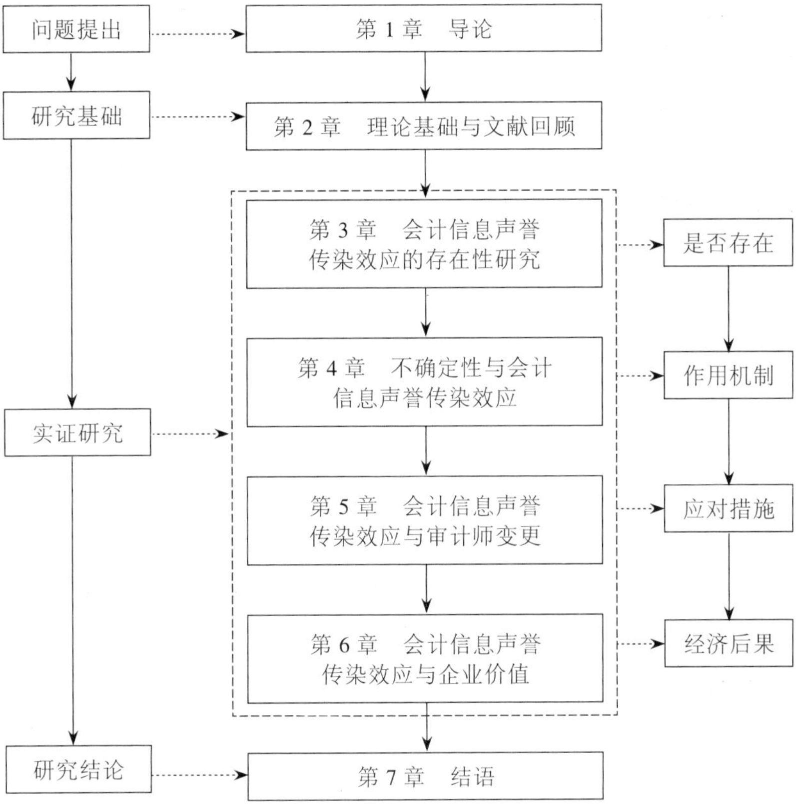

图1-2 本书结构示意图

1.6 研究意义

1.6.1 理论意义

本书的研究具有重要的理论意义，具体表述为以下五个方面：

第一，本书的研究从会计信息声誉的角度丰富了价值相关性的研究文献。自从Ball和Brown（1968）将会计信息和资本市场联系起来，关于价值相关性的研究一直是会计实证研究领域的重点，现有研究发现盈余水平、净资产和现金流量等会计信息（Easton和Harris，1991；Ohlson，1995；Collos等，1999；陈晓等，1999），市场占有率、成长性指标、战略和研发等非会计信息（Doukas和Switzer，1992；Amir和

Lev，1996；Cuellar等，2006；王燕妮和张书菊，2011；胡元木等，2012；叶康涛等，2014），以及同行业企业破产、财务重述和股票分割等关联企业的信息（Lang和Stulz，1992；Tawatnuntachai和D'Mello，2002；Gonen，2003；Xu等，2006；Gleason等，2008；Akhigbe和Madura，2008）都会对股票价格产生影响。但是，以往研究主要集中于探讨信息与股票价格之间的直接关系，忽略了一个重要的中间环节，即投资者对会计信息的信任程度，也就是会计信息的声誉，更鲜有研究探讨会计信息的声誉传染效应。本书试图从企业集团视角，对会计信息的声誉传染效应进行研究，并进一步考察会计信息声誉传染效应的作用机制、应对措施和经济后果，弥补了现有文献的不足。

第二，本书的研究为企业集团这一组织结构可能带来的经济后果提供了进一步的经验证据。目前关于企业集团的研究主要集中于探讨企业集团对资源配置效率的影响（杨锦之等，2010；王峰娟和粟立钟，2013；陈艳利等，2014），企业集团是否促进了掏空和支持行为（Bae等，2002；郑国坚等，2007；邵军和刘志远，2008），以及集团成员企业在经营业绩（黄俊等，2013）、股票价格（赵艳秉和李青原，2016）和企业风险（纳鹏杰等，2017）上的传染效应。与之不同，本书关注了一个重要但却更为隐性的话题，也就是企业集团内会计信息可信度相互传染的问题。本书研究并证实了，紧密的经济联系使得集团内一家企业的违规行为将影响到利益相关者对其他成员企业会计信息可信度的评价。

第三，本书基于中国资本市场的特点，首次证实了企业之间的会计信息声誉传染问题。以往关于声誉的研究主要从企业声誉（林钟高等，2018；刘睿智和张鲁秀，2018）以及审计师（Skinner和Srinivasan，2012；郑莉莉和郑建明，2017）、分析师（Gleason和Lee，2003；Xu等，2013；林晚发等，2013）、承销商（Megginson和Weiss，1991；Carter等，1998）和保荐代表人（周晓苏和王磊，2017）等中介机构的声誉着手，集中于考察哪些因素影响了声誉以及声誉导致了哪些经济后果。对于声誉的传染效应，除了Morrison和White（2013）对银行之间声誉传染效应的探讨之外，鲜有研究证实企业之间是否也存在声誉的传染效应。本书首次通过实证检验证实了声誉在企业之间相互传染的现象。

第四，本书的研究对于加强我国资本市场的风险管控也具有重要的政策启示。本书结论表明，企业集团在缓解外部不完善市场的负面效应的同时，通过成员企业之间的声誉传染效应，在某些情况下反而有可能加剧市场的不稳定性。

第五，本书为审计师变更的相关文献提供了新的视角，并丰富了审计意见影响因素的研究。以往研究指出，受到监管部门的违规处罚后，违规企业更易更换审计师（杨玉龙等，2014），而且违规处罚导致审计风险提高，因此违规企业更容易被审计师出具非标意见的审计报告（朱春艳和伍利娜，2009）。本书研究发现，并未发生违规、但受到违规丑闻影响的集团内非违规企业也更倾向于更换审计师，而且也更有可能被出具非标审计意见。这样的结论一方面说明审计师变更领域也存在传染效应，丰富了审计师变更领域的研究视角；另一方面指出影响审计风险的因素不仅来自于企业内部或外部环境，还可能来自于所隶属的企业集团这一中间组织，拓展了审计意见影响因素的研究。

1.6.2 现实意义

本书研究结论的实践价值体现在以下几个方面：

首先，对于上市公司而言，本书通过研究企业集团这一内部网络渠道产生的声誉传染效应，有助于上市公司从传染效应的角度，深入理解集团结构以及集团内成员企业的行为对自身会计信息声誉的影响，并对如何应对这一风险提供建议。企业并不是独立存在的（Jia等，2013），其所附属的网络结构是影响企业生存和发展的重要因素。集团化的运作可以在短期内放大企业的融资能力（李焰等，2007；李增泉等，2008），提升盈利水平（Jian和Wong，2008；Williams和Taylor，2013），也可以将单一负面效应扩散至所有成员企业，削弱投资者的信心，使得股东财富受损。本书的研究结论有利于提醒企业及时采取有效措施，提前预防会计信息声誉传染效应带来的不良后果，最小化集团结构可能带来的风险。

其次，对于投资者而言，本书的研究结论有利于增进投资者对资本市场局部系统性风险的认识，以选择合理的投资组合最小化投资者损失。单个市场主体的不良行为造成的一般是非系统性风险，通常不会危及某一群体或整个资本市场的运行，但如果资本市场不够成熟或制度不健全，单个市场主体的违规行为也会对资本市场产生冲击，形成系统性风险。本书的研究便描绘了这种现象，单个企业的违规行为将损害集团内其他成员企业投资者的财富。本书的研究结论有利于资本市场参与者认识到这一风险扩散现象的存在，运用风险管理技术和对冲工具及时加以规避。

最后，对于政府监管部门而言，本书从一个新的视角考察了企业集团的经济后果及其带来的负面扩散效应，对我国现阶段正在进行的国有企业集团改革提供政策启示。企业集团在我国资本市场中扮演着举足轻重的角色，政府部门也非常重视国有企业集团在经济发展中的作用，不断出台改革措施。比如2015年8月，中共中央和国务院提出《关于深化国有企业改革的指导意见》，指出要“加大集团层面公司制改革力度，积极引入各类投资者实现股权多元化”。国有企业集团的改革和成员企业股权的多元化，将导致国有企业集团边界的模糊，企业集团边界的缩小或扩大将对单个企业乃至整个资本市场带来怎样的影响，是国有企业集团改革升级所面临的亟待分析和解决的现实问题。本书的研究有助于监管部门进一步认识到国有企业集团改革可能带来的负面扩散效应的变化，并及时采取合理的应对措施，维护资本市场的稳定。

第2章 理论基础与文献回顾

2.1 理论基础

2.1.1 信号传递理论

信号传递理论最早可追溯至Spence（1973）的研究。Spence（1973）通过建立信号发送和决策互动的模型，以招聘市场为例，分析了一个不完全信息市场的动态博弈过程。在劳动力市场中，雇主事先并不了解求职者的工作能力，雇佣关系确定后，雇主也并不一定能立即获得这些信息，由此可见，招聘实际上是一种投资行为，因为雇主需要花费时间去了解雇员的实际工作能力。由于雇主和求职者之间的信息不对称，雇主会设定一个学历水平的区分点，针对不同学历提供不同薪水；求职者则会主动向雇主提供学历信息这一信号，雇主则通过学历水平这一信号作出是否聘用的决定。最后通过不断博弈和循环，当雇员实际能力符合企业预期时，市场达到均衡。

信号传递理论是信息经济学的重要组成部分。信号传递理论的主要思想是，每个市场参与者拥有的信息是不同的，产生了信息不对称的问题，部分市场参与者为了与其他参与者相区分，会主动采取行动向市场释放一些信号。信号传递理论包括三个要素，分别为信号、信号发送者和信号接收者，在Spence（1973）招聘市场的例子中，信号为学历水平，求职者为信号发送者，雇主为信号接收者。信号传递理论在公司金融、市场营销和组织管理等领域得到了广泛应用，尤其在公司金融领域，企业常常通过聘用提供高质量审计工作的会计师事务所向资本市场传递本企业的会计信息质量优于其他企业的信号，通过践行社会责任提高企业的声誉，或通过聘用海外高管向外界传递企业具有竞争优势的信号等（文雯，2018）。

在本书的研究中，由于外部投资者和企业内部存在严重的信息不对称，投资者需要通过收集与企业相关的信息来对企业进行判断，被证监会处罚这一事件则是向投资者传递企业管理不规范、存在欺诈行为的信号，使投资者对企业产生怀疑，降低投资者的信心。由于违规企业处在企业集团这样一个更大的组织体系中，被处罚的信号也无疑向投资者传递了这个企业集团内的所有企业都存在欺诈行为的可能，进而影响投资者对集团内其他成员企业的综合评价，损害其他成员企业的声誉。

2.1.2 传染效应

传染效应描述了群体中一个或单个个体的负面冲击对其他个体产生的溢出效应，这种效应源自个体之间的联系。传染效应最初是从国家间关联的角度出发，解释货币危机在国际社会中的扩散现象。具体来说，随着区域一体化和全球一体化，各个国家之间的经济依存度逐渐增强，那么货币危机将会在经济依存度较高的国家之间扩散。当一个国家爆发货币危机，且投资者接收到这一负面信号后，将改变与该国家经济联系紧密或具有相似经济特征的国家的货币的信心，大大增加这些关联国家爆发货币危机的可能，甚至导致自我实现式危机的发生。正如张维迎（2013）所指出的，“坏名声”的一个严重后果是当群体内某些个体的行为不当时，如果群体之外的人不能清楚地区分群体内的每个个体，那么即使群体内的某些个体没有进行不当活动，群体之外的人也将对该群体的所有成员进行惩罚。

企业并不是独立存在的，尤其在我国，企业往往附属于某一个企业集团（Jia等，2013）。个体的经济行为也并不是完全由自身特点所决定，还取决于所附属的特定网络结构（Granovetter，1985）。由于处于同一大股东的最终控制，而且各成员企业之间存在大量的内部交易，因此相似的经济特征和紧密的经济联系使得成员企业之间的传染效应成为可能。

2.2 文献回顾

2.2.1 价值相关性文献回顾

（1）会计信息的价值相关性

会计信息价值相关性的研究始于Ball和Brown（1968）对盈余信息含量的研究。Ball和Brown（1968）分析了1946—1965年在纽交所（NYSE）上市的261家上市公司年度盈余信息披露前12个月至披露后6个月的股票价格波动情况，发现盈余变动的符号与股票超额收益的符号之间存在显著相关性，说明会计盈余具有信息含量。

此后，许多学者使用与Ball和Brown（1968）相似的方法对会计信息的价值相关性进行研究。Easton和Harris（1991）通过构建报酬率模型指出，会计盈余水平和盈余变动水平能很好地解释一定期间的股票收益率。Ohlson（1995）则探讨了会计信息的定价作用，认为企业当期的会计盈余与未来盈余相关，而未来盈余与股票价格相关，因此，构建了以会计盈余和净资产为解释变量，股票价格为被解释变量的价格模型。Collins等（1999）在价格模型的基础上，发现在1953—1993年的美国资本市场上，净利润对股票价格的解释能力已逐渐超过会计盈余对股票价格的解释能力。

在我国证券市场上，赵宇龙（1998）是第一个采用实证会计研究方法考察会计信息价值相关性的学者。他利用1994—1996年上海股市123

家公司年度盈余信息披露前后各8个交易周内的未预期盈余和股票超额报酬率的数据，考察了两者之间的关系，发现未预期盈余与超额报酬率之间存在统计上的显著相关性，证实在我国证券市场上，会计盈余数据也具有信息含量。随后，陈晓等（1999）对股票交易量进行分析，发现盈余公告日前后的股票交易量显著增加，达到平均水平的1.5~1.7倍，说明盈余公告向市场传递了新的信息，导致了股票交易量发生波动；对未预期盈余与超额收益进行回归发现，未预期盈余对超额收益的回归系数显著为正，进一步证实了会计盈余具有信息含量这一研究结论。

（2）非会计信息的价值相关性

近年来，关于价值相关性的研究已不再局限于会计信息，非会计信息价值相关性的研究亦受到越来越多的关注。

Amir和Lev（1996）检验了通信行业财务信息和非财务信息的价值相关性，研究发现，企业成长速度和市场集中度等非财务信息与证券的估值高度相关。Graham等（2002）通过OLS回归发现，对于互联网行业而言，净利润对市场价值没有任何解释力，但电子零售商、网页浏览量等非会计信息却对市场价值具有最大的解释力度。Riley等（2003）考察了航空业的会计信息和非会计信息的价值相关性，研究发现航空公司的准点率、行李处理不当情况、机票超额销售和客户投诉等非会计信息和股票收益率有显著的相关性。Cuellar等（2006）使用事件研究法，研究发现欧洲电信公司战略联盟的信息会引起股票价格发生波动。Callen等（2010）研究了生物科技行业的财务和非财务信息的价值相关性，研究指出专利数量、合作情况和药物研发情况在解释年度回报率、股票价格和投资者的投资程度方面具有价值相关性。

许多研究还考察了战略和研发信息的价值相关性（Wyatt，2008）。Woolridge（1988）研究发现，当企业公告战略投资时，普通股的股票价格将上升。Doukas和Switzer（1992）考察了研发支出的估值作用，研究发现，在卖方集中度较高的行业，研发支出的增加与股票超额收益显著正相关；而在卖方集中度较低的行业，研发支出的增加与股票超额收益显著负相关。邵红霞和方军雄（2006）研究发现技术类无形资产可以解释股票价格的波动，具有信息含量。王燕妮和张书菊

(2011)考察了研发支出的资本化和费用化两种不同会计处理方式的价值相关性，研究发现资本化的研发投入与股票收益正相关，而费用化的研发投入与股票收益负相关。胡元木等（2012）以59家汽车企业和相关的制造业公司为样本，研究指出研发费用对企业价值有正向影响。叶康涛等（2014）则指出企业战略差异影响了会计信息的价值相关性。

（3）关联企业信息的价值相关性

众所周知，投资者往往会对企业的盈余信息进行预测。因为投资者并没有掌握企业的全部信息，所以企业未来盈余信息具有不确定性，投资者需要使用其他公开的信息来修正对未来盈余的预测(Yeung，2008)。因此，关联企业披露的信息也会影响目标企业的股票价格。

诸多研究也证实了关联企业的信息会对目标企业的股票价格产生影响。例如，Lang和Stulz（1992）研究指出，平均而言，一家企业的破产会使其竞争对手的股票价值缩水1%，但对于高集中度、低杠杆率的行业来说，一家企业的破产会使其竞争对手的股票价值增长2.2%。Tawatnuntachai和D'Mello（2002）研究发现，当一家企业宣布股票分割的利好消息后，行业内其他企业在公告期间产生了显著为正的超额收益。Xu等（2006）研究发现一家企业发生财务重述后，行业内具有相似现金流特征的非重述企业的股票价格与该重述企业的股票价格有相同方向的变动。此外，财务重述事件并没有导致行业内非重述企业的权益资本成本发生变化，说明这一传染效应产生的原因是投资者对非重述企业短期盈余预测的改变造成的。与之类似，Akhigbe和Madura（2008）的研究也发现，向下的盈余重述导致了同行业内其他企业公司价值的降低，而且重述企业报告的盈余越少，行业内其他企业股东财富降低得越严重；此外，具有较高水平的应计项目和无形资产、较低的销售增长率和较高的股票波动率的行业，受到的负面影响更严重。利用中国资本市场的证据，赵艳秉和李青原（2016）也得出了相似的研究结论，他们指出集团内某一企业的财务重述对于成员企业的股价也造成了负面影响。

2.2.2 声誉相关文献回顾

在市场竞争中，声誉信号可以向投资者传递管理层能力、产品和服务质量、经营业绩和发展前景等信息，资本市场中的利益相关者会使用获得的信息对企业或企业提供的产品产生一定的认知，再据此进行投资或购买等进一步的经济行为。本章对声誉的文献回顾将分别从会计信息的声誉、企业的声誉和中介机构的声誉三方面展开。

（1）会计信息的声誉

上述关于价值相关性的文献考察的大都是会计信息、非会计信息和关联企业的信息和股票价格之间的直接关系（如图2-1所示），忽略了投资者的处理方式这一中间环节。而投资者对会计信息的信任程度，即会计信息的声誉，决定着投资者获取信息后，对所持有股票的处理方式。因此，在会计信息与资本市场关系的研究中，会计信息的声誉发挥着重要的作用。对会计信息声誉的研究不仅可以拓展现有关于价值相关性的文献，还可以增进我们对会计信息与资本市场关系的认识。

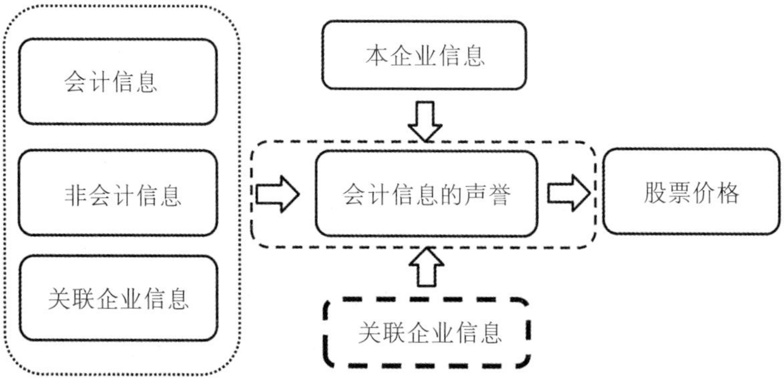

图2-1 价值相关性与会计信息声誉的文献回顾

企业披露的信息会影响本企业会计信息的声誉。Alexander（1999）指出企业的违法行为会降低股东财富，其中大部分股东财富的损失是声誉损失造成的。Karpoff等（2008）检验了因财务报告虚假陈述而受到SEC处罚的上市公司，发现企业在披露这些违规行为时损失了38%的市场价值，而在全部损失中，有66.42%的损失是由声誉损失引起的。更直接地，Chen等（2014）证实发生财务重述后，投资者对重述企业盈余信息的信任程度降低，具体体现为季度盈余公告所能引起的盈余反应系数的降低。

许多研究也提出关联企业的信息也可能会影响投资者对目标企业盈余信息的信任程度，但并未有经验证据予以证实。例如，Gonen（2003）研究发现一家企业发生财务重述后，在重述公告期间，相同行业内的其他企业也具有显著为负的市场反应。他指出产生这一传染现象的原因是一家企业的欺骗行为损害了投资者对整个行业的信心。与之类似，Gleason等（2008）的研究发现，财务重述事件不仅会损害重述企业的股东财富，还会降低相同行业内非重述企业的股票价格。他们指出非重述企业股票价格的降低与分析师盈余预测无关，更可能是投资者对非重述企业会计信息质量的怀疑造成的。但这些研究均未能提供进一步的证据说明一家企业的财务重述是否确实损害了同行业其他企业会计信息的声誉。

（2）企业的声誉

关于企业声誉的研究主要围绕着哪些因素影响了企业声誉（石军伟等，2009；沈洪涛等，2011；林钟高等，2018），以及企业声誉与经营业绩之间的关系（Dunbar和Schwallbach，2000；Roberts和Dowling，2002；肖海莲和胡挺，2007；郑秀杰和杨淑娥，2007；武晓君和李延喜，2011；刘睿智和张鲁秀，2018）等问题展开（如图2-2所示）。

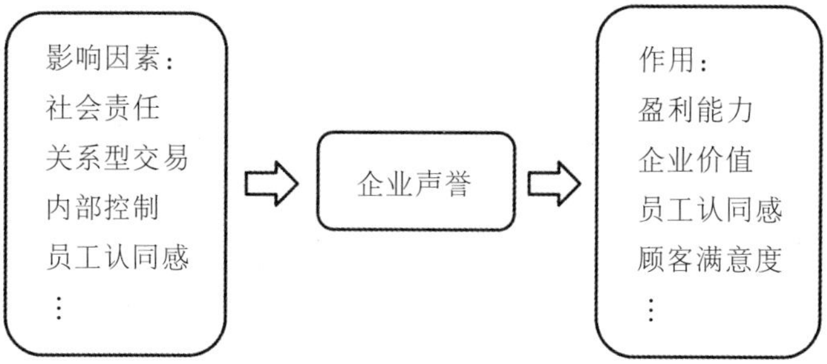

图2-2　企业声誉的文献回顾

在企业声誉的影响因素方面，企业社会责任、关系型交易和内部控制等影响企业声誉的形成。具体来说，沈洪涛等（2011）以2008—

2009年非ST上市公司为样本，使用《福布斯》（中文版）“最受赞赏的中国公司”的行业榜信息来衡量企业的声誉，使用每股社会贡献值作为企业社会责任表现的代理变量，研究发现企业社会责任表现与企业声誉显著正相关，而且企业社会责任报告增强了这一正向关系。与之相似，石军伟等（2009）利用151家中国企业的经验数据，实证检验发现企业社会责任和社会资本均与企业声誉显著正相关。林钟高等（2018）则从交易性质和内部控制方面考察了企业声誉的影响因素，研究结果发现，客户/供应商的关系型交易会影响投资者对企业未来发展前景的信心，关系型交易比重越大，企业声誉越差；另一方面，内部控制体系越有效，提供的财务报告质量越高，投资者就会对企业越有信心，企业声誉越高。这些结果说明关系型交易比重和内部控制的完善程度会影响企业的声誉。

企业的高声誉有助于提升经营业绩（Dunbar和Schwallbach，2000；Roberts和Dowling，2002；肖海莲和胡挺，2007；郑秀杰和杨淑娥，2007；武晓君和李延喜，2011；刘睿智和张鲁秀，2018）。Dunbar和Schwallbach（2000）通过考察1988—1998年63家德国公司的声誉，发现企业声誉与总体财务业绩显著正相关，反过来，财务业绩也影响了企业声誉。Roberts和Dowling（2002）利用1984—1998年《福布斯》杂志所披露的“最受美国尊敬的企业”数据，也证实了公司的盈利能力和企业声誉之间的正相关关系，而且高声誉的企业更有能力在长时间内维持较高的利润水平。利用中国资本市场的数据，肖海莲和胡挺（2007）实证检验了企业声誉和盈利能力的关系，研究发现企业声誉与总资产收益率显著正相关，说明高声誉可以提升企业盈利水平。郑秀杰和杨淑娥（2007）、武晓君和李延喜（2011）也得出相同的研究结论，指出企业声誉可以促进后期绩效的提升，而且高声誉公司的盈余持续性更强。刘睿智和张鲁秀（2018）探讨了企业声誉的调节作用，研究证实了企业声誉能增强企业研发投入对市场价值、经营业绩的正向作用。

高声誉还可以帮助企业吸引员工和客户（王永钦，2007；李海芹和张子刚，2010）。王永钦（2007）指出企业声誉对员工有激励作用，一个企业的声誉租金越高，员工对企业的认同感越强，越诚实可靠；反过来，员工对企业的认同感越强，就有更强的动机进行自我约束，以维护企业的高声誉。在企业与客户关系方面，李海芹和张子刚（2010）实证检验发现企业声誉越高，顾客的满意度和忠诚度越高。

（3）中介机构的声誉

现有对中介机构声誉的研究主要集中于对审计师声誉（Skinner和Srinivasan，2012；郑莉莉和郑建明，2017；陈辉发等，2012；张然等，2014；吴克平和黎来芳，2016）、分析师声誉（伊志宏和江轩宇，2013；Xu等，2013；Jackson，2005；Fang和Yasuda，2009；林晚发等，2013；Gleason和Lee，2003；Loh和Stulz，2011；Fang和Yasuda，2014）、主办券商声誉（Carter和Manaster，1990；Megginson和Weiss，1991；Michaely和shaw，1994；Carter等，1998；孙罂等，2018）和保荐代表人声誉（周晓苏和王磊，2017）等的探讨。

①审计师声誉

声誉对审计师来说至关重要。Skinner和Srinivasan（2012）以日本Chuo Aoyama（普华永道在日本的子公司，也是日本最大的审计公司之一）对Kanebo公司审计失败的事件为背景，考察了审计师声誉的重要性。Kanebo是日本的一家化妆品公司，其管理层进行了大规模的财务欺诈，Chuo Aoyama因其在Kanebo欺诈案中的角色而受到暂停经营两个月的处罚，Chuo Aoyama的声誉也因此受损。研究发现，事件发生后的一个季度左右，Chuo Aoyama失去了大约四分之一的客户，其中规模更大和成长速度更快的公司更倾向于放弃Chuo Aoyama而选择其他的审计公司。由此可见，审计师声誉对是否能留住客户起着关键作用。

在审计收费方面，高声誉也意味着较高的审计收费。例如，郑莉莉和郑建明（2017）通过建立综合指数得分函数来计算各个会计师事务所的综合得分，以得分的高低来判断会计师事务所声誉的高低，研究发现具有高声誉的会计师事务所可获得审计收费溢价，而且客户通过高声誉的审计师得到了市场更多的认可，也愿意为高质量的审计工作支付溢价。此外，制度环境影响了审计师声誉和审计收费溢价之间的关系，具体来说，在制度环境较好的情况下，高声誉的会计师可以得到20%的收费溢价，而制度环境较差时，高声誉的会计师的审计收费溢价仅为7.8%。

为维护来之不易的市场口碑，以及由此所带来的超额收益，高声誉的审计师有动机去提供更高质量的审计服务。众多研究指出高声誉的审计师往往能提供高质量的审计报告（Lennox，1999；陈辉发等，2012；张然等，2014），而且其在降低企业和投资者之间的信息不对称、抑制盈余管理等方面起着积极作用。例如，Kanagaretnam等（2010）使用29个国家银行的数据，以审计师类型（是否为前五大审计师）和审计师行业专长作为审计师声誉的代理变量，检验了审计师声誉和盈余管理的关系。研究发现，审计师类型和审计师行业专长都抑制了银行盈余管理的行为，具体包括将盈余能力（ROA）控制在0~0.002以避免损失的行为，以及将当年的ROA与上年的ROA之间的差距控制在0~0.0005的操纵行为。又如，利用中国资本市场的证据，陈辉发等（2012）研究指出，被证监会遴选并出任发审委委员的注册会计师所在的会计师事务所具有被政府认可的高声誉，为维护来自政府的这一信任，这些会计师事务所审计的财务报告的盈余质量较高。

审计师的高声誉不仅有助于提升审计质量，还能改善企业与银行的关系（陈骏，2011），甚至维护资本市场的稳定（吴克平和黎来芳，2016）。高质量的会计信息可以降低企业和银行之间信息不对称的程度，又因高声誉的审计师有更强的动机提供高质量的审计服务，保证会计信息的质量，因此，高声誉的审计师可以使上市公司更有可能获得银行的信用借款，且获得信用借款的比例更高（陈骏，2011）。吴克平和黎来芳（2016）研究证实了审计师的声誉与股价崩盘风险显著负相关，可见高声誉的审计师有助于资本市场的有效运行和健康发展（如图2-3所示）。

综合上述分析，高声誉的审计师不仅为自身带来了超额收益，还能为企业提供便利。当审计师的声誉受损时，审计师应积极采取一系列措施来挽回企业和资本市场的信任。方军雄（2011）以受到中国证监会处罚的会计师事务所为样本，考察了审计师声誉受损后是否能采取措施重塑受损的声誉。具体而言，他认为如果一家会计师事务所受到了证监会的处罚，那么该事务所的声誉就受到了损害。将这部分声誉受损的审计师与未受到过证监会处罚的“清白”审计师进行对比，结果发现声誉受损的审计师在处罚事件发生后显著提高了审计质量，以挽回市场对审计师的信心；市场也对声誉受损的审计师进行了惩罚，表现为更换审计师和降低审计收费两方面；但采取提高审计质量的措施重塑声誉后，审计师变更发生得更少，审计收费也相对增加。

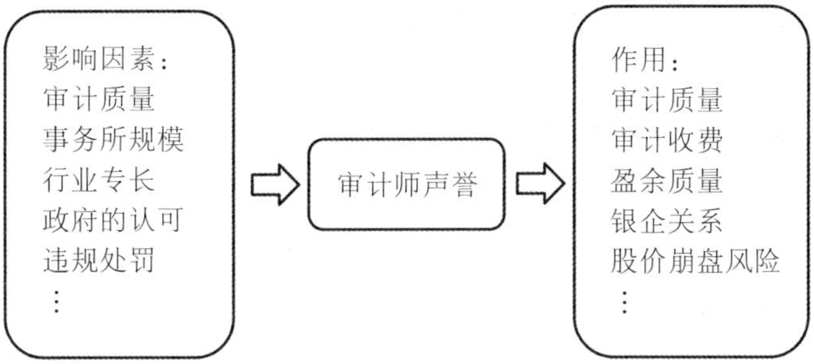

图2-3　审计师声誉的文献回顾

②分析师声誉

分析师的声誉是通过其提供的预测报告质量、对职业道德的遵守而逐渐积累起来的，提高自身声誉的途径包括获取和收集私人信息、使用多种分析技术等手段，分析师的声誉与其工作年限显著正相关，与所在公司规模或学历不相关（胡奕明和金洪飞，2006）。现有关于分析师声誉的研究主要集中于考察高声誉的分析师是否能够提供更多的信息或更加准确的盈利预测（伊志宏和江轩宇，2013；Xu等，2013；Jackson，2005；Fang和Yasuda，2009）、是否能降低信息不对称程度（林晚发等，2013），以及是否能提供更有价值的投资建议（Gleason和Lee，2003；Loh和Stulz，2011；Fang和Yasuda，2014）等方面。

首先，高声誉的分析师提供了更多的企业特质信息（伊志宏和江轩宇，2013；Xu等，2013），盈余预测更精确（Fang和Yasuda，2009），也降低了企业和投资者之间的信息不对称程度（林晚发等，2013）。在企业特质信息上，伊志宏和江轩宇（2013）利用2001—2010年分析师对A股上市公司进行评级调整的数据，将《新财富》披露的“最佳分析师”作为明星分析师，研究发现与其他分析师相比，明星分析师在评级过程中提供了更多公司特质信息，且明星分析师对企业的关注度越高，越能挖掘更多企业层面的特质性信息。Xu等（2013）的研究也指出明星分析师的覆盖降低了股价同步性，因为明星分析师拥有更多公司层面的特质信息。在预测准确度上，Fang和Yasuda（2009）以机构投资者全美奖（Institutional Investor All-American Awards）作为分析师个人声誉的代理变量，以Carter-Manaster排名（Carter-Manaster Ranks）作为银行声誉的代理变量，研究发现分析师的个人声誉和分析师所在银行的声誉越高，分析师预测越准确，而且盈余预测的正向偏差越少；另一方面，Jackson（2005）的研究指出预测准确度更高的分析师往往具有更高的声誉。最后，在债券市场上，林晚发等（2013）研究发现高声誉的分析师能显著降低债券的到期收益率与相同剩余期限的国债利率之间的差，因此降低了企业和债券投资者之间的信息不对称程度。

其次，高声誉的分析师能引起更显著的市场反应和提供更有价值的建议（Gleason和Lee，2003；Loh和Stulz，2011；Fang和Yasuda，2014），同时也能提高其经纪公司的未来价值（Jackson，2005）。对投资者而言，分析师在收集、解释和传播企业信息方面起着关键作用。发布买入或卖出建议是分析师工作的重要组成部分，也是分析师表达对其所追踪证券意见的主要方式之一。Gleason和Lee（2003）研究表明明星分析师作出的盈余预测能引发更快、更强的市场反应。Loh和Stulz（2011）使用1993—2006年的数据，发现分析师建议中只有12%是具有影响力的，表现为这些建议会引起具有统计显著性的股票价格反应或使得股票交易量增加，同时这些具有影响力的建议更有可能是明星分析师提供的，说明分析师的声誉与投资建议的盈利性存在正相关关系。与之相似，Fang和Yasuda（2014）使用1994—2009年的数据，用分析师的明星地位作为声誉的代理变量，检验了分析师的明星地位与其推荐股票的投资者价值之间的关系，指出高声誉的分析师推荐的投资组合可以获得更高的投资收益，即分析师的高声誉可以转化为更有价值的投资建议。具体而言，对于可以提前获得分析师信息的投资者而言，明星分析师买入和卖出投资组合的经风险调整的月度收益率比非明星分析师高出0.6%；对于无法提前获取分析师信息的投资者而言，明星分析师的买入建议所能获得的经风险调整的月投资收益仍然比其他分析师高出约0.3%。此外，分析师的高声誉也可以为其经纪公司带来利益，比如Jackson（2005）的研究就指出分析师的高声誉也可以显著提高其经纪公司的未来市场占有率（如图2-4所示）。

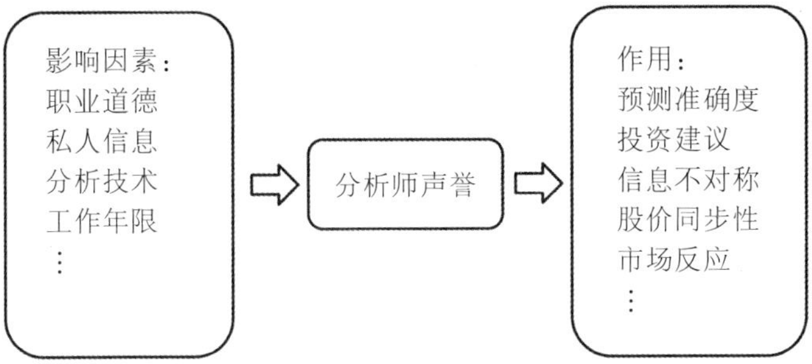

图2-4 分析师声誉的文献回顾

③其他中介机构声誉

诸多研究也对IPO承销券商的声誉和保荐代表人的声誉进行了考察。关于主办券商声誉的研究集中于探讨其对IPO定价（Carter和Manaster，1990；Megginson和Weiss，1991）、业绩表现（Michaely和shaw，1994；Carter等，1998）和会计信息质量（孙嚣等，2018）的影响。

IPO抑价是为了补偿非知情交易者因没有掌握优势信息而进行交易所面临的风险（Rock，1986），Carter和Manaster（1990）研究认为IPO承销商的声誉意味着投资者知情的程度，高声誉的承销商则代表着IPO公司知情者众多，面临的风险较低，因此券商的声誉和IPO抑价负相关。同样地，Michaely和shaw（1994）的研究指出当投资者事前知道他们不必和信息知情者竞争时，IPO的定价不会被低估，而且聘用高声誉承销券商的IPO公司股价被低估的可能性更低。Megginson和Weiss（1991）的研究结果也证实聘用高声誉的券商可以降低上市公司的融资成本。在股票的长期收益方面，Michaely和Shaw（1994）研究指出聘用高声誉承销券商的IPO公司股价在长期有更好的市场表现。与之相同，

Carter等（1998）研究发现在三年的持股期，聘用高声誉券商的IPO公司的股票价格表现不佳的现象更不严重。主办券商的声誉还与IPO企业的会计信息质量有关，孙嚣等（2018）使用证券市场中各券商的经营份额作为券商声誉的代理变量（Megginson和Weiss，1991），研究发现主办券商的高声誉可以提高新三板挂牌企业会计信息披露的质量。

此外，作为证券市场的重要中介机构，承销商和审计师都对降低企业和投资者之间的信息不对称、提高资源配置效率起着至关重要的作用，于富生和王成方（2012）的研究指出IPO承销商的声誉可以影响企业对审计师的选择，因为高声誉的承销商有更强的风险管控意识和遴选IPO公司的能力，可以要求IPO公司更换高质量的审计师。具体来说，他们用承销商的市场份额来衡量承销商的声誉（Megginson和Weiss，1991），检验结果发现，IPO公司的承销商声誉越高，越倾向于选择代表高审计质量的“十大”会计师事务所，且这一现象集中反映在国有企业中，非国有企业的承销商声誉与审计师选择之间不存在显著关系。

对于保荐代表人的声誉，周晓苏和王磊（2017）指出在定向增发过程中，由于高声誉的保荐代表人有更强的专业胜任能力，同时为了维护自身的品牌和声誉也有更强的动机去发挥监督的职能，因此保荐代表人的声誉能够抑制企业的应计盈余管理和真实盈余管理行为，提高企业会计信息的质量。

2.2.3 传染效应文献回顾

正如Granovetter（1985）所指出的，个体的经济行为并不是完全由自身特点所决定，还取决于所附属的特定网络结构。这种网络结构可以是由企业之间的经济联系所构成，如两家企业有着共同的董事会成员，抑或两家企业属于供应链的上下游企业。网络结构也可以由企业具体特征所决定，比如两家企业处于相同的行业且具有类似的产品市场，再比如两家企业的地理位置更为接近等。对于个体而言，同样存在类似的通过网络结构的传染行为，社会学和心理学的研究认为，在一个群组中的个体，其行为会逐渐与其他成员趋同（Asch，1951；Milgram，1963）。

已有研究发现，具有相同董事会成员的企业往往具有相似的行为，比如毒丸策略（Davis，1991）、收购（Haunschild，1993）、由纳斯达克转为纽约证券交易所上市（Rao等，2000）、股票期权回溯（Bizjak等，2009）、私募股权融资（Stuart和Yim，2010）和盈余管理（Chiu等，2013）等。例如，Chiu等（2013）发现，拥有同一位董事会成员的两家企业在盈余管理的程度上更加接近。此外，Kedia等（2015）研究指出，当同行业或地理位置邻近的公司发生财务重述时，一家公司更有可能也进行盈余管理。Francis和Michas（2013）发现公司之间聘请同一家会计师事务所而产生的联结关系是低质量审计传染效应的重要渠道。总之，趋同的经济目标以及共享的社会网络使得同一类群体中的个体行为更为类似，进而产生了传染效应。

在资本市场中，通过网络结构产生的传染效应已经在多个维度被证实。Akhigbe和Madura（2008）研究发现，向下的盈余重述导致了同行业内其他企业公司价值的降低，而且重述企业报告的盈余越差，这一传染效应越强；此外，具有较高水平的应计项目和无形资产、较低的销售增长率和较高的股票波动率的行业，具有更强的负面企业价值的传染效应。Gleason等（2008）也发现企业的财务重述会传染到同一行业中的其他企业。作者预测并证实了，当行业中有一个企业发生财务重述时，其他非重述企业的股票价格也会降低，这表明某一企业的财务重述可能会导致类似企业的投资者重新评估本企业的信息可信度。

利用中国资本市场的数据，黄俊等（2013）实证检验发现集团内某一企业遭遇业绩大幅下滑时，这一负面效应也导致其他成员企业经营绩效的下降，而且其他成员企业与业绩下滑企业之间联系越紧密，其他成员企业业绩下降越严重。徐艳萍和王琨（2015）发现聘请相同审计师的上市公司所提供的财务信息质量之间存在传染效应。刘海明等（2016）考察了担保网络的传染效应，研究发现网络中一家企业业绩较差时，这一负面冲击会传递给担保网络中的其他企业，导致其他企业也发生业绩下滑。赵艳秉和李青原（2016）发现集团内某一企业的财务重述对于成员企业的股价也造成了负面影响。纳鹏杰等（2017）的研究指出，当集团内某一上市公司风险增加时，次年集团成员企业风险会上升，而且无论是财务风险还是市场风险均存在传染效应。

对于个体声誉之间的传染效应，Morrison 和 White（2013）考察了银行之间的声誉传染效应，研究发现，一家银行的倒闭将削弱公众对银行监管机构能力的信心，进而削弱公众对同一监管机构下其他银行的信心。具体来说，一家银行的倒闭将导致储户陆续从其他没有关联的第二家银行提取资金或拒绝将资金投资到第二家银行，虽然第二家银行的基本面信息并未发生改变，但它仍可能面临倒闭。

2.2.4 企业集团文献回顾

企业集团在世界各国广泛存在，尤其在新兴资本市场中发挥着重要作用。集团内部通常存在着频繁而广泛的关联交易，涉及产品或资产的购销业务、担保业务和资金交易（陈艳利等，2014），并购活动（Bae等，2002），税收负担（刘行和李小荣，2012），财务业务（张瑞君等，2010），以及研发活动（黄俊和陈信元，2011）等企业生产经营的方方面面。

企业集团内部紧密的经济联系带来了很多不同于外部资本市场的经济行为。集团化运作形成了一个内部的资本市场，降低了交易成本，提升了企业价值（“支持假说”，Khanna 和 Palepu，1997，2000），但也为控股股东通过关联方交易掏空上市公司提供了更为便捷的通道（“掏空假说”，Johnson 等，2000）。企业集团内部的支持行为主要表现在缓解融资约束、提升企业价值和帮助成员企业达到既定盈利水平等方面。例如，在缓解融资约束方面，李焰等（2007）以复兴集团为例，发现集团化运作可在短期内放大企业的融资能力，有效缓解企业面临的融资约束；李增泉等（2008）以民营企业集团为研究对象，指出金字塔结构能有效扩大企业集团的债务融资规模。在企业价值方面，肖星和王琨（2006）的研究表明集团化经营使得成员企业的经营效率和市场价值均优于行业中值。集团上市公司数量的增多以及集团的多元化经营都会提高成员企业的市场价值。在盈利水平支持方面，Jian 和 Wong（2008）研究发现，当上市公司有操纵盈余的动机时，关联销售和由此产生的营业利润水平都较高，说明上市公司会通过与终极控制人的关联销售业务支撑其盈余水平。Williams和Taylor（2013）研究发现，当上市公司面临ST审查或非流通股比例下降时，非正常的关联方销售业务较多，说明上市公司通过非正常的关联方销售交易获得了集团公司的支持。

对掏空假说的研究主要从控股股东对成员企业的利润转移、资金占用、企业价值的损害、资本配置效率低下等方面进行考察。例如，Bae等（2002）以1981—1997年韩国的企业集团为研究对象，发现集团内部企业的并购业务使得小股东蒙受损失，而大股东却从中获利，证实了企业集团控股股东的财富转移行为，支持了掏空假说；Bertrand等（2002）以印度的企业集团为例，也证实了控股股东的掏空行为；申明浩（2008）研究发现资本家控制型的企业倾向于通过关联交易侵占中小股东的利益；李增泉等（2004）的研究表明，企业集团控股方式下控股股东占用资金的增加，将加剧控股股东的掏空行为；邵军和刘志远（2008）通过对企业集团内部的成员企业进行实证检验，发现企业集团内部的资本配置活动损害了成员企业的价值；高雷等（2006）和杨锦之等（2010）的研究也得出了相同的结论。

由于企业集团同时存在支持和掏空双重效应，因此，有学者认为集团内部成员企业价值的高低取决于掏空和支持两种作用的相对大小，并不能一概而论（郑国坚等，2007）。虽然控股股东有动机掏空其所控制的上市公司，但是当下属企业面临外部环境的负面冲击时，控股股东也会输送资源为成员企业提供支持（Friedman等，2003）。Jia等（2013）的研究发现，当控股股东遭遇信任危机时，上市公司会通过关联担保或关联借款给予支持；反之，当上市公司面临ST或退市危机时，控股股东会通过非债务的关联交易给予上市公司支持，并指出单纯的掏空或支持假说并不能简单描述上市公司和控股股东之间的关系以及企业集团存在的原因。Cheung等（2006）通过研究1998—2000年中国香港的上市公司与其控股股东之间的关联方交易，发现市场参与者并不会事先低估潜在被掏空的上市公司，说明关联方交易虽然可能导致了掏空行为，但在危机阶段也有助于集团成员企业规避金融风险。Riyanto和Toolsema（2008）通过构建模型也解释了投资者愿意为换取避免破产的隐形保护而接受控股股东的掏空行为。

总体而言，这一部分的文献指出同一集团内的成员企业之间存在紧密的经济联系，各企业间的资源流动体现着控股股东的利益动机。而如果上述经济联系和控股股东的动机为外部投资者所认识和理解，则一个成员企业的行为和信息将可能影响其他成员企业的投资者的决策，也就是本书所描述的“传染效应”。

2.2.5 文献评述

（1）对价值相关性的文献评述

关于价值相关性的研究成果丰硕，研究模型逐渐完善，研究方法日趋成熟，研究内容和研究领域也呈现多元化的趋势，这为本书的研究奠定了理论基础。

然而，以往研究主要集中于探讨会计信息（Easton和Harris，1991；Ohlson，1995；Collos等，1999；陈晓等，1999）、非会计信息（Doukas和Switzer，1992；Amir和Lev，1996；Cuellar等，2006；王燕妮和张书菊，2011；胡元木等，2012；叶康涛等，2014）或关联企业的信息（Doukas和Switzer，1992；Amir和Lev，1996；Cuellar等，2006；王燕妮和张书菊，2011；胡元木等，2012；叶康涛等，2014）与股票价格之间的直接关系，对会计信息声誉的研究较少，更鲜有文献探讨会计信息的声誉传染效应，即关联企业的信息对本企业会计信息声誉的影响。本书拟利用我国丰富的企业集团数据，对会计信息的声誉传染效应进行研究，以补充这一研究领域的空白。

（2）对声誉的文献评述

以往关于声誉的研究文献主要从企业声誉以及审计师、分析师、承销商和保荐代表人等中介机构的声誉方面着手，集中于考察哪些因素影响了声誉以及声誉导致了哪些经济后果。声誉在不同个体之间的传染效应也逐渐受到关注，比如Morrison和White（2013）就研究了银行间的声誉传染效应，但仍尚未有研究探讨会计信息的声誉在不同企业之间相互影响的现象，本书以上市公司违规事件为视角，对会计信息声誉在企业之间的传染效应进行研究，弥补现有文献的不足。

（3）对传染效应的文献评述

关于资本市场传染效应的研究主要集中于美国资本市场。然而，由于美国的上市公司大都是独立存在的，并不隶属于某一企业集团，使得美国资本市场的传染效应主要通过外部网络渠道发生，例如基于聘任相同的董事、审计师或处于同一行业等。目前对于企业集团传染效应的研究主要关注于经营业绩、股票价格和企业风险之间的传染，尚未有研究探讨会计信息声誉在集团内成员企业之间相互传染的可能，本书的研究将基于这一视角，丰富现有文献对企业集团这一内部网络渠道传染效应的认识。

（4）对企业集团的文献评述

关于企业集团的研究成果丰富，不论是掏空行为，还是支持行为，都说明企业集团内部不同企业之间存在着紧密的联系，因此，从投资者的角度来看，当某家成员企业发生证券市场信息披露违规行为时，集团内部其他企业可能也存在类似的信息披露问题，从而削弱投资者对其他成员企业会计信息质量的信心，即某一家企业的行为或信息会通过企业集团内部联系而影响投资者对其他成员企业盈余信息的判断，产生传染效应。因此，关于企业集团的这些研究为本书研究假设的提出和实证研究设计奠定了坚实的理论分析基础。

第3章　会计信息声誉传染效应的存在性研究

3.1　引言

Ball和Brown（1968）利用1946—1965年在纽交所（NYSE）上市的261家上市公司年度盈余信息披露前12个月至披露后6个月的股票价格波动情况，发现盈余变动的符号与股票超额收益的符号之间存在显著相关性，说明了会计盈余具有信息含量。自此，众多学者展开了对会计信息价值相关性的实证研究。随着研究的深入，关于价值相关性的研究已不仅局限于会计信息，非会计信息价值相关性的研究亦逐渐兴起，现有研究表明市场占有率（Amir和Lev，1996）、公司战略（Cuellar等，2006；叶康涛等 2014）和企业研发（Doukas和Switzer，1992；Woolridge，1988；邵红霞和方军雄，2006；Wyatt，2008；王燕妮和张书菊，2011）等非会计信息也具有显著的市场反应。更进一步地，价值相关性的研究又扩展到关联企业的信息对目标企业股票价格的影响，例如Lang和Stulz（1992）发现一家企业宣布破产后，同行业内的竞争对手会有正的超额收益；又如Gleason等（2008）研究发现一家企业的财务重述会导致同行业内其他企业股票价格的降低。然而，这些研究都是关注于信息与股票价格之间的直接关系，而忽略了投资者在取得信息后对这些信息的信任程度，也就是会计信息的声誉这一中间作用环节。在对会计信息声誉的研究中，现有研究探讨了企业披露的信息对自身会计信息声誉的影响，比如Chen等（2014）研究发现企业发生财务重述后，投资者对该企业财务报告的信任程度将降低，说明财务重述事件损害了企业会计信息的声誉。但鲜有研究探讨关联企业的信息是否会影响目标企业会计信息的声誉，即会计信息的声誉传染效应。有鉴于此，本章将利用我国资本市场上丰富的企业集团的数据，对会计信息的声誉传染效应进行考察，以弥补现有研究的不足。

企业集团作为一种广泛存在的组织形式，在世界各国尤其是新兴市场中发挥着重要的作用。在中国，企业集团同样在经济发展和资本市场中扮演着举足轻重的角色。据统计，2013年中国前1 000大企业集团的营业收入为53.07万亿元[①]，占国内生产总值的比例高达90.25%[②]。对企业集团的研究不仅可以拓展现有关于企业理论和企业边界的研究，还可为发展中国家与发达国家资本市场的不同经济现象提供解释（Khanna和Yafeh，2007），有助于我们更好地理解新兴市场国家的经济发展和企业行为。

通过手工整理2008—2014年包括两家及以上A股上市公司的企业集团[③]，本章将存在信息披露违规行为的企业集团内的非违规成员企业作为研究样本，考察非违规企业的盈余公告所能引起的市场反应程度是否受到了集团内信息披露违规事件的影响。选择2008年作为样本起点的原因是，2007年新会计准则规范了基本每股收益和稀释每股收益的计算和列报，且本章指标的计算需要使用每股收益的滞后期数据，因此，以2008年为样本选择的起点既保证了数据的可得性，也避免了会

① 张文魁. 中国大企业集团年度发展报告（紫皮书）·2013年［M］. 北京：中国发展出版社，2014.

② 国内生产总值的数据来源于中华人民共和国国家统计局官方网站公布的《2015中国统计年鉴》。

③ 本章使用的是违规前后共五个季度的数据，样本区间为2007—2015年。

计准则的变更可能带来的干扰效应（刘玉廷等，2010）。研究发现，当集团内某一企业存在信息披露违规行为并发布违规处罚公告后，与违规前相比，其他成员企业在违规事件后连续三个季度的盈余公告所能引起的股价反应显著降低。这说明，成员企业的投资者将基于集团内某一企业的信息披露违规而重新判断所投资企业的信息可信度，产生会计信息的声誉传染效应。

在进一步分析中，本章聚焦于频繁发生信息披露违规行为的企业集团，发现当企业集团内发生非首次信息披露违规事件时，非违规企业在事后各季度的盈余反应系数并没有显著降低。这一结果说明，通过长时间的多次博弈，投资者已经形成了对企业集团会计信息准确度的合理预期，因此，集团内频繁发生的信息披露违规事件，不会引起投资者对集团内非违规企业会计信息可信度的重新判断。最后，本章还对非信息披露违规进行了考察，发现非信息披露违规事件并不会导致非违规成员企业会计信息声誉受损。

本章主要提供了如下四个方面的理论贡献和政策意义。首先，本章从一个新视角考察了会计信息的价值相关性。以往研究主要集中于探讨研究信息与股票价格之间的直接关系（Ball和Brown，1968；Easton和Harris，1991；Ohlson，1995；Amir和Lev，1996；Collis等，1999；Cuellar等，2006；Wyatt，2008；王燕妮和张书菊，2011；叶康涛等2014），对会计信息声誉这一中间环节的关注甚少，更鲜有研究考察关联企业的信息是否会影响本企业会计信息的声誉。本章的研究填补了这一研究空白。

其次，本章丰富了关于企业集团经济后果的研究。目前关于企业集团的研究主要集中于考察企业集团对于资源配置效率的影响（杨锦之等，2010；王峰娟和粟立钟，2013；陈艳利等，2014），企业集团是否促进了掏空和支持行为（Bae等，2002；郑国坚等，2007；邵军和刘志远，2008），以及集团成员企业在经营业绩（黄俊等，2013）、股票价格（赵艳秉和李青原，2016）和企业风险（纳鹏杰等，2017）上的传染效应。与之不同，本章关注了一个重要但却更为隐性的话题，也就是同一集团内会计信息声誉的传染问题。紧密的经济联系使得集团内一家企业的违规行为将影响到利益相关者对其他成员企业会计信息的评价。

再次，本章增进了我们对于资本市场传染效应的认识。之前关于资本市场传染效应的研究主要集中于美国资本市场。然而，由于美国的上市公司大都是独立存在的，并不隶属于某一企业集团，使得美国资本市场的传染效应主要通过外部网络渠道发生，例如基于相同的董事、审计师或相同的行业等。而本章利用在发展中国家更为常见的企业集团组织形式，考察传染效应是否也会通过企业集团内不同企业间这种内部网络渠道发生，从而丰富了我们对于资本市场传染效应传导路径的认识。

最后，本章的研究对于加强中国资本市场的风险管控具有重要的政策意义。研究结论表明，企业集团在缓解外部不完善市场的负面效应的同时，通过成员企业之间的声誉风险传染效应，在某些情况下反而有可能加剧市场的不稳定性。

本章的主要内容安排如下：第2节为研究假设的提出；第3节为研究设计，包括数据来源及定义、实证模型；第4节为实证结果分析，包括描述性统计、相关性分析和对假设的检验；第5节为进一步分析，检验了非首次违规和非信息披露违规，并对信息环境改善和政治关联丧失这两个替代性假说进行了排除；第6节是稳健性检验，包括对企业集团的聚类分析、更换未预期盈余指标、配对样本分析、违规后各季度的分别比较，以及对违规前四个季度的盈余反应系数的检验；第7节是本章小结。

3.2 研究假设

由于外部市场的不完备性，新兴市场国家难以通过市场竞争和价格机制来实现资源的最优配置。因此，企业集团这种介于企业和市场的中间组织应运而生，来部分替代缺失的外部市场功能，提升企业价值（Khanna和Palepu，2000；李焰等，2007；He等，2013）。具体而言，企业集团的内部资本市场可以缓解成员企业面临的融资约束并降低其融资成本（李焰等，2007；李增泉等，2008），帮助成员企业达到既定盈利目标（Jian和Wong，2008；Williams和Taylor，2013），以及避免破产或退市等危机（Cheung等，2006；Riyanto和Toolsema，2008）。然而，企业集团也存在一定的负面效应，比如现有研究所论证的控股股东的掏空行为。具体而言，当外部投资者保护薄弱的时候，控股股东会通过关联交易掏空其持股比例较低的成员企业（Johnson等，2000；Bertrand等，2002；李增泉等，2004；高雷等，2006），从而损害成员企业的外部股东利益（Bae等，2002）。

企业集团内部存在频繁的资金、人力、管理和技术等多方面的交易（郑国坚等，2007），不论是掏空行为，还是支持行为，都说明企业集团内部不同企业之间存在着紧密的联系。这种盘根错节的复杂经济关系，一方面使得企业集团内部成员企业之间的联系更加紧密，但同时也增加了同一集团内不同企业之间声誉相互传染的可能。换言之，具有理性期望特征的投资者将意识到同一集团内的企业在实际控制人、企业文化、管理制度等方面的相似之处，从而当其中一家企业爆发丑闻时，投资者将推测集团内部其他成员企业可能也存在类似的问题，即某成员企业的信任危机很可能会对集团内其他成员企业的声誉造成负面影响，产生声誉的传染效应（Granovetter，1985；Asch，1951；Milgram，1963）。

为对这一声誉传染效应进行检验，本书选取因信息披露违规而受到监管部门处罚这一外生事件作为研究切入点，考察一家企业的信息披露违规行为是否会损害投资者对集团内其他成员企业会计信息质量的信心。违规行为导致声誉损失这一观点已被之前的研究从多个角度进行过严谨的论证。比如，Alexander（1999）指出企业的违法行为会降低股东财富，其中大部分为声誉损失；Karpoff等（2008）检验了因财务报告虚假陈述而受到SEC处罚的上市公司，发现企业在披露这些违规行为时损失了38%的市场价值，而在全部损失中，66.42%的损失是声誉损失。类似的结论也存在于中国资本市场（陈工孟和高宁，2005；杨玉凤等，2008）。此外，选择企业的违规行为作为研究事件还有如下的逻辑原因：已有研究发现董事背景（Agrawal和Chadha，2005）、薪酬体系

(Burns和Kedia，2006；Johnson等，2009)、股权结构（梁杰等，2004；Chen等，2006；陆瑶等，2012）和董事会特征（蔡志岳和吴世农，2007）等因素与上市公司违规倾向有关，而对于同一集团内的上市公司，它们在这些公司治理方面的决策受到同一最终控制人的影响，因而更有可能具有相似的导致违规倾向的特征。因此，当某家成员企业发生证券市场信息披露违规时，投资者会认为集团内部其他企业也很有可能存在类似的信息披露方面的问题，从而降低对其他成员企业会计信息质量的信心。

从Ball和Brown（1968）开展对盈余信息与股票价格之间关系的研究以来，资本市场的研究证据都表明更高的会计盈余意味着更强劲的未来现金流，进而导致股价的上升，并且股价对盈余公告的反应程度取决于投资者对盈余信息的信任程度，信息可信度越高，股价反应程度越强烈（Holthausen和Verrecchia，1988；Teoh和Wong，1993；Chen等，2014）。设想这样一种情况，即使企业披露的会计信息质量再高，但由于丑闻的影响，投资者并不信任企业披露的信息，那么这样高质量的盈余信息也无法引起股票价格应有的波动。因此，本书使用盈余公告所能引起的股票价格的波动（盈余反应系数），来衡量企业会计信息的声誉。基于以上讨论，在此提出本章的假设：

假设3-1：集团内一家企业发生信息披露违规后，同一集团内非违规企业的盈余反应系数将显著降低。

3.3 研究设计

3.3.1 数据来源及定义

根据国泰安数据库中实际控制人和直接控制人信息，结合上市公司年报（来源于巨潮资讯网），笔者手工整理了2008—2014年包括两家及以上A股上市公司的企业集团的信息。当多家上市公司的实际控制人是政府机构时（比如国务院国有资产监督管理委员会、地方国有资产监督管理委员会、财政部等），本书追溯到实际控制人的下一级单位。例如，2014年中国航天科工集团旗下A股上市公司包括航天信息（600217）、航天通信（600677）、航天晨光（600501）、航天长峰（600855）、航天科技（000901）和航天电器（002025）。虽然中国航天科工集团由国务院国有资产监督管理委员会100%控股，但国务院国有资产监督管理委员会并不直接参与其日常经营管理活动，所以本书仅追溯至中国航天科工集团这一级单位，认为上述六家上市公司附属于同一企业集团。本书对企业集团的定义与伍利娜等（2012）、王春飞等（2013），以及甄红线等（2015）的研究一致。

如前所述，我国自2007年起实施了新的会计准则，对每股收益的计算和列报进行了规范，本书计算未预期盈余时需要使用滞后期的稀释每股收益和基本每股收益指标，所以将2008年作为样本选择的起点，保证了数据在样本期间的前后一致性，并避免了实证分析受到准则变动的影响。除手工整理的企业集团的信息外，本书分析所用到的其他数据均来源于国泰安数据库。

针对信息披露违规的界定，伍利娜和高强（2002）认为上市公司信息披露违规是对信息的操纵和滥用，如披露虚假财务报表、传播虚假信息、更改交易记录等行为。借鉴这一观点，并根据国泰安数据库中对违规类型的分类，本书所研究的信息披露违规包括“虚构利润、虚列资产、虚假记载（误导性陈述）、重大遗漏、披露不实和一般会计处理不当”，并预期上述六类信息披露违规行为会影响投资者对季度盈余公告的信任程度。

本章考察与违规公告前一个季度相比，企业集团内非违规成员企业在违规公告后连续四个季度的盈余反应系数的变化。在分析中，当企业集团内有两个或以上信息披露违规事件时，为不影响可比性及排除噪声的干扰，仅保留第一个违规事件。进一步地，本章剔除了金融业的上市公司以及数据存在缺失的观测值，最终得到872个季度观测值。表3-1列示了具体的样本选取过程。

表3-1 样本选取过程

	Firms/Groups	Observations
2008-2014年所有企业集团	256	
包含上市公司数量	766	
存在信息披露违规的企业集团	84	
对应的违规企业	111	140
对应的集团内非违规成员企业	229	506
减去：金融业		7
非首次违规		274
得到首次违规对应的未违规成员企业		225
选取违规前后共五个季度的观测值		1123
减去：缺失值		251
得到最终分析样本（企业—季度观测值）		872

3.3.2 实证模型

为了考察集团内一家企业的违规公告所带来的会计信息声誉上的传染效应，本章估计集团内其他企业的投资者对于所投资企业的信息的反应，并检验这种反应是否随着集团内的负面事件而发生了显著的、持续的变化。基于此，本章选择企业强制信息披露中最为重要的一类事件——每季度盈余公告。强制信息披露的条件使得检验更少受到自愿性信息披露事件常有的内生性问题干扰，亦即公司对于是否披露信息以及披露好消息还是坏消息的自选择问题。盈余公告所发布的信息与企业未来的现金流紧密相关，而自从Ball和Brown（1968）开展对盈余信息与股价之间关系的研究以来，资本市场的研究证据都表明更高的会计盈余意味着更强劲的未来现金流，进而导致股价的上升，并且股价对盈余公告的反应程度取决于投资者对盈余信息的信任程度。信息可信度越高，股价反应程度越强烈（Holthausen和Verrecchia，1988；Teoh和Wong，1993；Chen等，2014）。因此，本章采用股价对盈余的反应系数对假设进行检验。

本章以非违规成员企业为视角，通过比较违规处罚前和违规处罚后盈余反应系数（Earnings Response Coefficient，ERC）的变化来考察其会计信息声誉的变化。参考Chen等（2014）、叶青等（2012）和王晓珂等（2016）的研究，构建模型（3.1）：

$$CAR_{i,t} = \alpha 0 + \sum_{k=1}^{4}\alpha_{1k} QUARTER_k + \alpha_2 UE_i,t + \sum_{k=1}^{4}\alpha_{3k}[QUARTER_k \times UE_i,t] + \sum_{j=4}^{11}\alpha_j CONTROLS_i,t + \sum_{l=12}^{19}\alpha_l[UE_i,t \times CONTROLS_i,t] + Quarter + Industry + \varepsilon_i,t \quad (3.1)$$

$$CONTROLS_i,t = \{MTB_i,t, LOSS_i,t, SIZE_i,t, BETA_i,t, Q4_i,t, AGE_i,t, GROWTH_i,t, NONPERSIST_i,t\}$$

其中，被解释变量$CAR_{i,t}$为企业i在t季度盈余宣告日前后[-2，+2]时间窗口内经市场调整的累积超额收益。$QUARTER_k$（k=1，2，3，4）为指示变量，当处于违规处罚后第k个季度时，$QUARTER_k$取1，否则取0。比如，对于集团内一家企业宣布违规公告后，非违规成员企业的第一个季度盈余宣告日，$QUARTER_1$取1，否则取0，以此类推。$UE_{i,t}$为未预期盈余，用当年t季度稀释每股收益减去上年t季度稀释每股收益①，再除以当年t季度末的股价计算（Chen等，2014）。

在上述回归分析中，对照组为违规处罚公告前一个季度的盈余公告事件，此时$QUARTER_k$（k=1，2，3，4）等于0，系数α_2代表该季度的累积超额收益和未预期盈余之间的关系，即违规公告前的盈余反应系数（ERC）。本书预期α_2的符号为正。这里分别将处罚公告后连续四个季度的盈余反应系数与对照组进行比较，交乘项$UE_{i,t}\times QUARTER_k$的系数α_{3k}反映了各季度盈余反应系数相对于公告前的变化。本书预期，与处罚公告前相比，非违规企业在处罚公告后的盈余信息含量下降了，因此α_{3k}应显著为负。

此外，本章在回归模型中还加入了其他可能影响ERC的变量及他们与未预期盈余UE的交互项（Chen等，2014）。其中，MTB为市账比，用总资产的市值（股权市场价值加债权账面价值）除以账面价值，控制企业的成长机会，成长机会大的企业盈余反应系数更高（Collins和Kothari，1989）；LOSS为指示变量，如果报告盈余为正，则取1，否则

① 本章在稳健性检验部分也尝试了用基本每股收益指标进行分析，主要结论保持不变。

取0；SIZE为总资产规模，用企业总资产的自然对数度量；BETA为贝塔系数，代表风险水平，用本季度前48个月的个股月回报率和市场的月回报率进行回归得到；Q4为指示变量，如果宣告的是年度报告的盈余信息，则取1，否则取0；AGE为企业年龄，成立时间较短的企业，未来的不确定性更高，会计信息的价值相关性越弱，用成立天数除以360再取自然对数计算；GROWTH为企业的成长速度，用营业收入的环比增长率表示，营业收入增长率越高，盈余反应系数越高；NONPERSIST为盈余的不可持续性，NONPERSIST越大，盈余可持续性越低，盈余反应系数越低，用非经常性损益除以税前利润计算（叶康涛等，2014）。

表3-2　　**主要变量定义**

变量名称	变量定义
CAR	非违规企业在季度盈余宣告日［-2，+2］期间经市场调整的累积超额收益
UE	未预期盈余，非违规企业季度每股收益减去上年该季度的每股收益，除以季度末股价
$QUARTER_k$	违规处罚后第k季度的指示变量（k=1，2，3，4）。当盈余宣告日属于处罚后第k个季度时，$QUARTER_k$取1，否则取0，比如取处罚公告后第一个盈余宣告日的观测值时，$QUARTER_1$取1，否则取0，以此类推
$POST_k$	季度虚拟变量，当取违规公告后第k个季度的观测值时，$POST_k$（k=1，2，3，4）取1，否则取0
$BEFORE_{k-1}$	季度虚拟变量，当取违规前的第k个季度的观测值时，$BEFORE_{k-1}$（k=2，3，4）取1，否则取0（比如，当取违规前第二个季度的观测值时，$BEFORE_1$取1，否则取0）
MTB	市账比，总资产市值除以账面价值
LOSS	是否亏损的虚拟变量，亏损时取1，否则取0
SIZE	企业规模，总资产的自然对数
BETA	Beta系数，用季度前48个月的个股回报率和市场回报率回归所得
Q4	是否为年度报告的虚拟变量，当公布的是年度报告时取1，否则取0
AGE	企业年龄，计算方法为：Log［（季度盈余宣告日-成立日期）/360］
NONPERSIST	盈余的不可持续性，非经常性损益除以税前利润（叶康涛等，2014）
GROWTH	成长速度，用季度营业收入减去上年该季度的营业收入，再除以上年该季度的营业收入

3.4 实证结果分析

3.4.1 描述性统计

表3-3中的Panel A报告了主要变量的描述性统计。其中，累积超额收益CAR的均值为0，中位数为-0.006，标准差达到0.054，最小值为-0.113，最大值为0.207。未预期盈余UE的均值为-0.004，中位数为0，标准差为0.027，最小值为-0.109，最大值为0.093。另外，在分析样本中，市账比MTB平均达到2.071，中位数为1.617，标准差为1.271，最小值为0.841，最大值为7.979。是否亏损的虚拟变量LOSS的均值为0.197，说明样本中约19.70%的观测值宣告的盈余为负。总资产的对数SIZE均值为22.276，中位数为22.012，标准差为1.438，最小值为18.954，最大值为26.360。最后，企业年龄的自然对数AGE均值为2.735，说明样本中上市公司成立年限平均约为15年。

3.4.2 相关性分析

对主要变量间的相关性进行分析，结果报告于表3-3 Panel B中。其中，上三角为Spearman相关系数，下三角为Pearson相关系数。从表中可以看出，未预期盈余UE和累积超额收益CAR的Spearman相关系数为0.094，Pearson相关系数为0.089，且均在1%的水平上显著，与本书的预期相符。此外累积超额收益率较高的企业往往具有较高的营业收入增长率、更持续的盈余、更低的亏损的可能性以及更低的市账比。

3.4.3 回归结果

本部分对非违规企业的盈余反应系数进行实证检验。本章的回归模型均使用了公司层面的聚类稳健标准误，并且控制了季度层面和行业层面的固定效应。

表3-3 **描述性统计和相关性分析**

Panel A：描述性统计

变量	观测值	平均值	中位数	标准差	最小值	最大值
CAR	872	−0.000	−0.006	0.054	−0.113	0.207
UE	872	−0.004	−0.000	0.027	−0.109	0.093
MTB	872	2.071	1.617	1.271	0.841	7.979
LOSS	872	0.197	0.000	0.398	0.000	1.000
SIZE	872	22.276	22.012	1.438	18.954	26.360
BETA	872	1.000	1.023	0.218	0.423	1.484
Q4	872	0.196	0.000	0.397	0.000	1.000
AGE	872	2.735	2.743	0.291	1.860	3.408
GROWTH	872	0.161	0.056	0.601	−0.841	4.197
NONPERSIST	872	0.247	0.038	0.809	−1.197	5.404

Panel B：Pearson 和Spearman 相关系数

Variables	CAR	UE	MTB	LOSS	SIZE	BETA	Q4	AGE	GROWTH	NONPERSIST
CAR	1	0.094***	−0.053	−0.109***	0.000	−0.029	−0.002	−0.024	0.084**	0.017
UE	0.089***	1	0.119***	−0.301***	−0.034	−0.052	0.043	0.073**	0.360***	0.155***
MTB	−0.072**	0.091***	1	0.102***	−0.713***	0.110***	−0.014	−0.167***	0.103***	−0.040
LOSS	−0.116***	−0.271***	0.160***	1	−0.166***	0.129***	−0.085*	0.053	−0.209***	−0.481***
SIZE	0.013	−0.070**	−0.625***	−0.167***	1	−0.233***	−0.021	0.146***	0.020	0.003
BETA	−0.032	−0.051	0.119***	0.120***	−0.301***	1	0.010	−0.043	−0.024	0.022
Q4	−0.004	−0.051	−0.036	−0.085**	−0.019	0.014	1	−0.019	0.047	0.152***
AGE	−0.036	0.059*	−0.091**	0.056*	0.104**	−0.046	−0.015	1	−0.029	−0.015
GROWTH	0.034	0.203***	0.099***	−0.048	−0.037	−0.016	0.001	0.051	1	0.053
NONPERSIST	−0.064*	0.064*	0.022	−0.179***	−0.101***	0.065*	0.106***	0.011	−0.077**	1

注：所有连续变量都经过了1%和99%分位数的缩尾处理。

***、**、*分别表示在1%、5%和10%的水平上显著（双尾检验）。

表3-4 Panel A报告了假设3-1的回归结果。本章既考虑了不包括任何控制变量的简化模型（第（1）列），也考虑了加入所有控制变量的完整模型（第（2）列）。这样的两组分析可以显示实证结果是否以及多大程度上受到控制变量的影响。可以看出，第（1）列中UE上的系数，也就是控制组的盈余反应系数，一直为正且在统计上显著（0.367，t = 3.31于第（1）列；5.500，t = 2.95于第（2）列）。这说明违规处罚公告前，未预期盈余与股价异常收益率之间有一个显著的正相关关系。更为重要的是，交互项$UE \times QUARTER_1$和$UE \times QUARTER_2$上的系数在两组分析中都显著为负，其中，简单模型中其估值分别为-0.375（t = -1.93）和-0.309（t = -1.93），完整模型中其估值分别为-0.511（t = -2.53）和-0.371（t = -2.00）。此外，在加入控制变量的完整模型中（第（2）列），交互项$UE \times QUARTER_3$上的系数也显著为负（-0.380，t = -1.85）。这样的结果证实了，当集团内某一企业宣布信息披露违规后，非违规成员企业的声誉受损，体现为其盈余信息所能引起的市场反应程度的降低，且持续了近三个季度。

从经济显著性来看，利用表3-4 Panel A第1列中的分析结果可以看出，相对于处罚公告前的市场反应程度，非违规企业在公告后第一季度的市场反应降低了约102.18%（= 0.375/0.367），第二季度降低了约84.20%（= 0.309/0.367），这样的一个声誉损失幅度具有显著的实际意义。[①]此外，对于公告后第四个季度与未预期盈余的交互项，虽然系数为负，但并未呈现出统计显著性。也就是说，在经过了三个季度后，非违规企业的声誉逐渐得到了恢复。综合以上分析，假设3-1得以证实。

此外，非国有企业集团内成员企业的行为更可能体现为其实际控制人的目标函数，比如最大化投资回报率。与之不同，国有企业集团则更可能受到国家政策导向的影响，其实际控制人对集团内企业的影响会弱化（Chen等，2015；马金城和王磊，2009）。基于此，本章预期集团内不同企业间的传染效应在非国有企业集团内表现得更为明显。表3-4 Panel A的第（3）列和第（4）列报告了国有企业和非国有企业分样本回归的结果。

① 这里需要注意的是利用第2列中的分析结果来对经济显著性作类似的估量是不恰当的。原因在于，由于加入了UE与其他连续变量的交互项，UE上的估计系数不再可以被简单解释为公告前企业的平均盈余反应系数。

表3-4 **会计信息声誉传染效应的存在性**

Panel A：回归结果

VARIABLES	Dep.Var.= CAR［-2，2］			
	全样本		国有企业	非国有企业
	（1）	（2）	（3）	（4）
UE	0.367***	5.500***	5.957***	5.183
	（3.31）	（2.95）	（2.87）	（0.22）
$QUARTER_1$	−0.013*	−0.013*	−0.013*	0.031
	（−1.95）	（−1.94）	（−1.84）	（0.85）
$QUARTER_2$	−0.006	−0.005	−0.004	0.009
	（−0.85）	（−0.75）	（−0.51）	（0.34）
$QUARTER_3$	−0.005	−0.005	−0.003	−0.008
	（−0.71）	（−0.73）	（−0.37）	（−0.25）
$QUARTER_4$	−0.013*	−0.012	−0.009	−0.005
	（−1.68）	（−1.54）	（−1.10）	（−0.16）
$UE \times QUARTER_1$	−0.375*	−0.511**	−0.499**	−4.334*
	（−1.93）	（−2.53）	（−2.37）	（−2.04）
$UE \times QUARTER_2$	−0.309*	−0.371**	−0.323*	−3.024*
	（−1.93）	（−2.00）	（−1.66）	（−1.96）
$UE \times QUARTER_3$	−0.284	−0.380*	−0.288	0.594
	（−1.39）	（−1.85）	（−1.34）	（0.40）
$UE \times QUARTER_4$	−0.172	−0.202	−0.192	−0.668
	（−0.89）	（−0.99）	（−0.94）	（−0.26）
MTB		−0.005**	−0.004*	−0.019*
		（−2.19）	（−1.70）	（−1.93）
LOSS		−0.009	−0.014**	0.000
		（−1.48）	（−2.19）	（0.00）
SIZE		−0.003	−0.003	−0.003
		（−1.47）	（−1.10）	（−0.26）
BETA		−0.015	−0.017	0.074
		（−1.52）	（−1.61）	（0.54）
Q4		0.061**	0.067***	−0.079
		（2.48）	（3.53）	（−1.07）

续表

Panel A：回归结果				
VARIABLES	Dep.Var.= CAR［-2，2］			
	全样本		国有企业	非国有企业
	（1）	（2）	（3）	（4）
AGE		-0.004 （-0.53）	-0.007 （-0.90）	0.051 （0.73）
GROWTH		0.003 （0.92）	0.007* （1.79）	0.024** （2.44）
NONPERSISTENCE		-0.006** （-2.26）	-0.005** （-2.11）	0.018* （1.91）
UE×MTB		-0.175** （-2.03）	-0.215* （-1.72）	0.838 （0.95）
UE×LOSS		0.057 （0.33）	-0.042 （-0.23）	-3.470** （-2.76）
UE×SIZE		-0.098* （-1.68）	-0.124* （-1.97）	-0.354 （-0.42）
UE×BETA		-0.679*** （-2.69）	-0.666** （-2.48）	-1.735 （-0.63）
UE×Q4		0.050 （0.35）	0.008 （0.05）	0.129 （0.13）
UE×AGE		-0.687*** （-2.63）	-0.613** （-2.19）	1.454 （0.29）
UE×GROWTH		-0.088 （-0.80）	-0.168* （-1.85）	-2.632 （-1.57）
UE×NONPERSISTENCE		-0.156 （-1.37）	-0.164 （-1.40）	-2.289*** （-3.07）
Constant	-0.073*** （-6.59）	0.045 （0.77）	0.027 （0.42）	0.014 （0.04）
Quarter-fixed effects	Yes	Yes	Yes	Yes
Industry-fixed effects	Yes	Yes	Yes	Yes
Observations	872	872	780	92
R-squared	0.086	0.116	0.132	0.765

续表

Panel B：估计系数差异				
VARIABLES	估计系数		Chow检验	
	国有企业	非国有企业	均值差	P值
UE×$QUARTER_1$	−0.499**	−4.334*	3.835***	0.000
UE×$QUARTER_2$	−0.323*	−3.024*	2.702***	0.001
UE×$QUARTER_3$	−0.288	0.594	0.882	0.330
UE×$QUARTER_4$	−0.192	−0.668	−0.476	0.697

注：（1）使用企业层面聚类稳健标准误；（2）所有连续变量进行1%和99%分位数的缩尾处理；（3）括号内为t值；（4）***、**、*分别表示在1%、5%和10%的水平上显著（双尾检验）。

在国有企业的分组回归中（第（3）列），交互项UE×$QUARTER_1$和UE×$QUARTER_2$的系数分别在5%和10%的水平上显著为负（−0.499，t = −2.37和−0.323，t = −1.66）；在非国有企业的分组回归中（第（4）列），交互项UE×$QUARTER_1$和UE×$QUARTER_2$上的系数也分别在10%的水平上显著为负（−4.334，t = −2.04和−3.024，t = −1.96），说明违规公告后，国有企业和非国有企业均经历了盈余反应系数的降低。为进一步检验两组样本的差异，本章对国有企业和非国有企业进行Chow检验，表3-4的Panel B报告了Chow检验的结果。可以看出，非国有企业在UE×$QUARTER_1$和UE×$QUARTER_2$上的系数均显著小于国有企业，也就是说，非国有企业比国有企业盈余反应系数降低的程度更严重，支持了本章的预期。然而，这样区分不同企业性质进行回归的局限性是非国有企业集团的样本很小，占全样本的比例仅约为11%，所以本书的主要分析还是依赖于全样本的统计证据。

3.5 进一步分析

3.5.1 投资者对“惯犯”的不同态度

本章前述部分的分析选取的是集团内的首次信息披露违规事件，

原因有两方面：一是本章通过将违规前和违规后季度的盈余反应系数相比，来检验违规后季度的盈余反应系数是否降低来验证会计信息声誉传染效应的存在性，如果在此期间存在两次或以上的违规处罚事件，那么将存在某一个季度既可能是某一次违规前的对照组又是另一次违规后的实验组，或者是违规后的第N季度（N=1，2，3，4）又是另一次违规后的第M季度（M=1，2，3，4，M≠N）的情况，使得对比不具有可行性。二是当投资者接收到集团内企业违规行为的信号后，对于首次违规和非首次违规的处理方式可能有所不同。在这一部分，本章便区分了投资者对“惯犯”（非首次违规）和“初犯”（首次违规）的不同态度。

投资者往往会对企业的盈余信息进行预测（Yeung，2009），而且在长时间的反复博弈中，投资者对企业的会计信息准确度已经形成了有效的预期（朱凯等，2009）。但对于突发的一次性信息披露违规事件，由于没有以往的经验可借鉴，投资者无法通过反复博弈进行准确预测，从而使得投资者对原有的会计信息准确度产生怀疑。因此，本章认为集团内发生的首次违规事件将降低投资者对会计信息的信任程度[①]。与之不同，对于集团内频繁发生的信息披露违规事件，投资者对集团内非违规企业的会计信息信任程度并不会显著降低，因为投资者对此早已有预期。因此，对于非首次信息披露违规事件而言，投资者对集团内非违规成员企业的信任程度应不会有显著变化。

本章选取集团内非首次信息披露违规事件，将与之对应的同一集团内的非违规企业作为研究样本，通过对模型（3.1）进行回归，考察与违规前一个季度相比，违规后四个季度的盈余反应系数的变化。表3-5的第（1）列和第（2）列报告了这部分的回归结果。可以看出，不论是未加入控制变量的简单模型（第（1）列）还是加入控制变量的完整模型（第（2）列），季度与未预期盈余的交互项的系数均不显著，说明频繁发生的信息披露违规并不会改变投资者的信任程度。

① 需要注意的是，样本期间内发生的首次信息披露违规并非企业集团自形成以来的第一次信息披露违规事件，但相对于样本期间内存在多次信息披露违规的企业集团而言，投资者对前者的会计信息准确度的预测更加困难。

3.5.2 非信息披露违规与会计信息声誉传染效应

本章前述讨论以信息披露违规为切入点，认为集团内企业的信息披露违规行为向投资者传递了一个信号，使得利益相关者也对同一集团内其他非违规企业披露的会计信息产生怀疑。反之，如果集团内企业的违规事件与信息披露无关，那么这一违规行为并不会导致投资者质疑其他成员企业的信息披露环节，也并不会影响投资者对其他企业会计信息的评价和态度，因而也不会产生会计信息的声誉传染效应。

为了证实这一推断，本章利用非信息披露违规事件进行了另外一组类比分析。具体来说，本章聚焦于非信息披露违规事件，考察与公告前一个季度相比，非违规企业在违规公告后连续四个季度的盈余反应系数的变化。与前述样本选取方式一致，当企业集团内有两个或两个以上上市公司发生非信息披露违规时，为不影响可比性及排除噪声的干扰，本章仅保留第一个违规事件；进一步地，本章剔除了金融业的上市公司以及数据不可得的样本，最终得到1 109个季度观测值。

表3-5的第（3）列和第（4）列报告了这部分的回归结果。可以看出，在不加控制变量的简单模型（第（3）列）中，第三个季度与未预期盈余的交互项的系数显著为负，但这一结果在加入控制变量后（第（4）列）失去解释力。这样的结果说明，非信息披露违规事件并没有引起集团内非违规企业在事后各季度的盈余反应系数的降低，即非信息披露事件没有损害集团内其他企业会计信息的声誉。

表3-5　　非首次违规和非信息披露违规的回归结果

VARIABLES	Dep. Var. = CAR［-2，2］			
	非首次违规		非信息披露违规	
	（1）	（2）	（3）	（4）
UE	0.190 （0.52）	-7.769* （-1.88）	0.375*** （3.53）	0.658 （0.38）

续表

VARIABLES	Dep. Var. = CAR [-2, 2]			
	非首次违规		非信息披露违规	
	(1)	(2)	(3)	(4)
$QUARTER_1$	-0.011 (-1.41)	-0.009 (-1.11)	0.007 (1.47)	0.007 (1.50)
$QUARTER_2$	-0.003 (-0.35)	-0.004 (-0.52)	0.009* (1.73)	0.009* (1.80)
$QUARTER_3$	-0.006 (-0.62)	-0.007 (-0.78)	0.010* (1.95)	0.010** (2.00)
$QUARTER_4$	0.007 (0.76)	0.007 (0.78)	0.010* (1.73)	0.010* (1.78)
$UE \times QUARTER_1$	-0.348 (-0.80)	0.054 (0.11)	-0.270 (-1.48)	-0.254 (-1.37)
$UE \times QUARTER_2$	0.521 (0.97)	0.782 (1.39)	0.064 (0.36)	0.090 (0.43)
$UE \times QUARTER_3$	0.142 (0.26)	0.451 (0.72)	-0.330* (-1.72)	-0.299 (-1.56)
$UE \times QUARTER_4$	0.013 (0.03)	-0.029 (-0.06)	0.056 (0.33)	0.091 (0.52)
MTB		-0.005* (-1.82)		-0.003** (-2.09)
LOSS		-0.024** (-2.47)		-0.009 (-1.46)
SIZE		-0.007*** (-3.03)		-0.003** (-2.06)

续表

VARIABLES	Dep. Var. = CAR［-2，2］			
	非首次违规		非信息披露违规	
	(1)	(2)	(3)	(4)
BETA		0.004 (0.48)		0.004 (0.49)
Q4		0.042* (1.97)		-0.045** (-2.11)
AGE		0.009 (0.73)		-0.012** (-2.07)
GROWTH		-0.001 (-0.35)		0.003 (0.60)
NONPERSISTENCE		-0.002 (-1.38)		-0.005*** (-3.81)
UE×MTB		0.196 (0.87)		-0.000 (-0.00)
UE×LOSS		-0.120 (-0.36)		-0.094 (-0.61)
UE×SIZE		0.222* (1.73)		0.066 (1.17)
UE×BETA		0.804 (1.20)		-0.308 (-0.82)
UE×Q4		-0.502 (-1.50)		-0.286** (-2.03)
UE×AGE		0.661 (0.98)		-0.483** (-2.20)

续表

VARIABLES	Dep. Var. = CAR [-2，2]			
	非首次违规		非信息披露违规	
	(1)	(2)	(3)	(4)
UE×GROWTH		-0.236***		-0.037
		(-2.74)		(-0.25)
UE×NONPERSISTENCE		-0.112		0.015
		(-1.64)		(0.28)
Constant	-0.062***	0.093	0.027	0.138***
	(-4.90)	(1.42)	(1.35)	(2.83)
Quarter-fixed effects	Yes	Yes	Yes	Yes
Industry-fixed effects	Yes	Yes	Yes	Yes
Observations	659	659	1 109	1 109
R-squared	0.158	0.188	0.088	0.115

注：(1) 使用企业层面聚类稳健标准误；(2) 所有连续变量进行1%和99%分位数的缩尾处理；(3) 括号内为t值；(4) ***、**、*分别表示在1%、5%和10%的水平上显著（双尾检验）。

3.5.3 替代性假说：信息环境的改善

监管机构的处罚往往伴随着公司的纠错整改，带来公司治理和信息环境的改善。如果集团内企业受到违规处罚后，整个企业集团的信息环境得以较大改善，那么就会使得投资者对非违规企业的会计信息比违规处罚前有了更加充分的了解，从而导致投资者对新的盈余公告的反应程度降低。

如果上述信息环境改善的假说成立，那么与违规公告前相比，投资者在事后各季度盈余公告发布前就应表现出对当季度盈余的反应。为了验证这一点，本章分别选取季度盈余公告前第30天至公告前第3天经市场调整的累积超额收益CAR [-30，-3]，以及公告前第60天至公告前第3天经市场调整的累积超额收益CAR［-60，-3］作为被解释变量，对模型（3.1）进行回归，其他变量的定义与表3-2一致。如果季度与未预期盈余的交互项的系数显著为正，那么信息环境改善的假说成立。

表3-6报告了这一部分的回归结果。可以看出，当被解释变量为CAR［-30，-3］时，季度与未预期盈余的交互项的系数均不存在统计显著性；当被解释变量为CAR［-60，-3］时，在加入控制变量的完整模型中，仅有第三季度与未预期盈余的交互项的系数在10%的水平上显著为负。这样的结果说明，盈余公告前的一段时间内，非违规企业的投资者并不能更充分地获取和处理即将公告的盈余信息，这一结论与猜测的信息环境改善假说并不一致。因此，本章认为非违规企业的盈余反应系数的降低更有可能是由负面声誉的传染效应所导致。

表3-6　　**信息环境改善假说的排除**

VARIABLES	Dep. Var. = CAR［-30，-3］		Dep. Var. = CAR［-60，-3］	
	（1）	（2）	（3）	（4）
UE	0.177 （0.78）	-1.181 （-0.36）	0.713** （2.40）	-5.210 （-1.18）
$QUARTER_1$	0.010 （0.79）	0.011 （0.86）	0.018 （1.03）	0.016 （0.90）
$QUARTER_2$	0.006 （0.45）	0.006 （0.40）	0.019 （1.09）	0.011 （0.59）
$QUARTER_3$	-0.006 （-0.42）	-0.005 （-0.39）	0.010 （0.55）	0.002 （0.11）
$QUARTER_4$	0.005 （0.38）	0.006 （0.42）	0.006 （0.31）	-0.001 （-0.04）
$UE\times QUARTER_1$	0.180 （0.55）	0.115 （0.29）	-0.055 （-0.12）	-0.145 （-0.29）
$UE\times QUARTER_2$	0.304 （0.81）	0.174 （0.37）	0.427 （0.81）	0.236 （0.42）

续表

VARIABLES	Dep. Var. = CAR [-30, -3]		Dep. Var. = CAR [-60, -3]	
	(1)	(2)	(3)	(4)
UE×$QUARTER_3$	-0.261	-0.286	-0.627	-1.230^{**}
	(-0.59)	(-0.64)	(-1.08)	(-2.15)
UE×$QUARTER_4$	0.117	0.206	-0.242	-0.263
	(0.30)	(0.53)	(-0.37)	(-0.46)
MTB		-0.002		0.020^{***}
		(-0.49)		(3.17)
LOSS		-0.005		-0.031^{**}
		(-0.48)		(-2.08)
SIZE		-0.005		0.001
		(-1.16)		(0.09)
BETA		0.019		0.053
		(0.99)		(1.46)
Q4		0.297^{***}		0.240^{***}
		(7.11)		(5.12)
AGE		-0.018		-0.037
		(-1.25)		(-1.51)
GROWTH		0.005		0.021
		(0.74)		(1.43)
NONPERSISTENCE		0.003		-0.007
		(0.52)		(-0.96)
UE×MTB		0.034		0.653^{**}
		(0.19)		(2.47)
UE×LOSS		-0.304		0.236
		(-1.03)		(0.50)

续表

VARIABLES	Dep. Var. = CAR [-30, -3]		Dep. Var. = CAR [-60, -3]	
	(1)	(2)	(3)	(4)
UE×SIZE		0.076 (0.71)		0.329** (2.39)
UE×BETA		0.831 (1.36)		1.255 (1.29)
UE×Q4		0.194 (0.58)		0.187 (0.43)
UE×AGE		-0.452 (-0.92)		-1.504* (-1.88)
UE×GROWTH		-0.095 (-0.49)		0.016 (0.05)
UE×NONPERSISTENCE		0.066 (0.32)		0.437* (1.80)
Constant	-0.281*** (-11.59)	-0.143 (-1.22)	-0.222*** (-5.10)	-0.234 (-1.32)
Quarter-fixed effects	Yes	Yes	Yes	Yes
Industry-fixed effects	Yes	Yes	Yes	Yes
Observations	872	872	872	872
R-squared	0.122	0.131	0.152	0.201

注：（1）使用公司层面聚类稳健标准误；（2）所有连续变量进行1%和99%分位数的缩尾处理；（3）括号内为t值；（4）***、**、*分别表示在1%、5%和10%的水平上显著（双尾检验）。

3.5.4 替代性假说：政治关联的丧失

对于本章的主要结论还存在另一种替代性假说，也就是违规企业所在集团的政治关联丧失。在存在“选择性执法”的背景下，有着政治关联的企业被揭露违规和进行处罚的可能性更低（Chen等，2011；Hung等，

2015)。因此，集团内企业的违规处罚公告很可能代表着集团的政治关联的丧失，进而引起了投资者对集团内其他企业前景的信心下降。这部分企业的盈余难以体现持续的未来现金流，所对应的盈余反应系数因而降低。

如果上述政治关联丧失的假说成立，那么违规公告宣布后，之前存在政治关联的企业所对应的集团内非违规企业将经历更严重的盈余反应系数的降低。基于此，本章以是否存在政治关联为标准将样本分为两组，进行分组回归。借鉴袁建国等（2015）和李增福等（2016）对政治关联的定义，若违规企业现任的董事长或总经理曾在政府任职或担任人大代表、政协委员，则将其所对应的非违规成员企业划入有政治关联组，否则划入无政治关联组。

表3-7的第（1）列和第（2）列报告了有政治关联的子样本的回归结果，第（3）列和第（4）列报告了无政治关联的子样本的回归结果。在有政治关联的分组中，不论是简单模型（第（1）列）还是完整模型（第（2）列），季度与未预期盈余的交互项的系数均不存在统计显著性；而在无政治关联的分组中，简单模型（第（3）列）和完整模型（第（4）列）的交互项 $UE \times QUARTER_1$，$UE \times QUARTER_2$ 和 $UE \times QUARTER_3$ 上的系数均显著为负。这样的结果说明，无政治关联的企业反而经历了更为严重的盈余反应系数的降低。基于此，本章推断政治关联的丧失造成非违规企业盈余反应系数下降这一假说并不成立。

表3-7 **政治关联丧失假说的排除**

变量	Dep.Var.= CAR［−2，2］			
	有政治关联		无政治关联	
	（1）	（2）	（3）	（4）
UE	0.068 （0.27）	7.746 （1.32）	0.481*** （3.32）	6.777*** （3.44）
$QUARTER_1$	−0.010 （−0.76）	−0.012 （−0.89）	−0.010 （−1.36）	−0.009 （−1.14）
$QUARTER_2$	0.018 （1.28）	0.019 （1.33）	−0.013* （−1.79）	−0.012 （−1.55）

续表

变　量	Dep.Var.= CAR ［-2，2］			
	有政治关联		无政治关联	
	（1）	（2）	（3）	（4）
$QUARTER_3$	0.011 （0.83）	0.010 （0.70）	-0.011 （-1.30）	-0.010 （-1.09）
$QUARTER_4$	-0.005 （-0.36）	-0.007 （-0.55）	-0.015 （-1.64）	-0.013 （-1.35）
$UE \times QUARTER_1$	-0.244 （-0.60）	-0.187 （-0.41）	-0.449* （-1.84）	-0.562** （-2.11）
$UE \times QUARTER_2$	0.002 （0.01）	0.069 （0.15）	-0.343* （-1.79）	-0.426* （-1.70）
$UE \times QUARTER_3$	0.388 （0.98）	0.393 （0.78）	-0.429* （-1.66）	-0.550** （-2.23）
$UE \times QUARTER_4$	0.274 （0.54）	0.356 （0.55）	-0.282 （-1.25）	-0.319 （-1.32）
MTB		-0.005 （-1.01）		-0.007** （-2.15）
LOSS		-0.006 （-0.46）		-0.010 （-1.19）
SIZE		-0.007 （-1.29）		-0.004 （-1.26）
BETA		0.050* （1.96）		-0.030*** （-2.75）
Q4		0.007 （0.18）		0.038 （1.20）
AGE		0.029 （1.26）		-0.016* （-1.84）
GROWTH		-0.004 （-0.57）		0.010** （2.28）
NONPERSISTENCE		-0.005 （-1.13）		-0.004 （-1.12）

续表

变　量	Dep.Var.= CAR [-2，2]			
	有政治关联		无政治关联	
	(1)	(2)	(3)	(4)
UE×MTB		-0.121 (-0.59)		-0.231 (-1.45)
UE×LOSS		-0.274 (-0.73)		0.070 (0.30)
UE×SIZE		-0.312 (-1.49)		-0.096 (-1.56)
UE×BETA		-0.727 (-1.30)		-0.807** (-2.55)
UE×Q4		-0.008 (-0.03)		0.042 (0.20)
UE×AGE		0.107 (0.18)		-1.079*** (-3.63)
UE×GROWTH		-0.070 (-0.38)		-0.253** (-2.10)
UE×NONPERSISTENCE		-0.304 (-1.23)		-0.041 (-0.40)
Constant	-0.009 (-0.24)	0.043 (0.33)	-0.102*** (-12.25)	0.062 (0.86)
Quarter-fixed effects	Yes	Yes	Yes	Yes
Industry-fixed effects	Yes	Yes	Yes	Yes
Observations	307	307	560	560
R-squared	0.204	0.254	0.122	0.170

注：(1) 使用企业层面聚类稳健标准误；(2) 所有连续变量进行1%和99%分位数的缩尾处理；(3) 括号内为t值；(4) ***、**、*分别表示在1%、5%和10%的水平上显著（双尾检验）。

3.6 稳健性检验

为保证实证结果的可靠性，本章进行了多种稳健性测试。首先，对企业集团进行聚类分析；其次，使用基本每股收益计算未预期盈余；第三，使用配对样本对回归结果进行验证；第四，分别构造违规前一个季度和违规后四个季度的分析样本，对四个子样本分别进行双重差分回归分析，对回归结论进行验证；第五，对违规前四个季度的盈余反应系数进行检验，证实在违规公告前，非违规企业的盈余反应系数是稳定的。

3.6.1 对企业集团的聚类分析

本章前述的实证分析将每个企业划分为一类，使用企业层面的聚类稳健标准误进行分析（Cluster by Firm）。虽然不同的企业集团之间存在很大的差异，但同一集团内的企业之间具有诸多相似之处。因此可能存在这样一种情况，企业集团之间面临的随机干扰项不相关，但同一集团内的企业之间面临的干扰项存在相关性，或者说，同一集团内的企业受到了一些共同因素的干扰。考虑到这一问题，本章在分析中将处于相同企业集团的非违规成员企业划分为一类，在企业集团层面进行聚类分析。

表3-8的前两列报告了这部分的结果。不论在简单模型还是完整模型中，交互项$UE\times QUARTER_1$，$UE\times QUARTER_2$和$UE\times QUARTER_3$的系数均显著为负，说明对企业集团进行聚类后，会计信息声誉传染效应仍存在且持续了三个季度，本章的结论保持不变。

3.6.2 用基本每股收益计算未预期盈余

本章第3.3.2部分计算未预期盈余时使用的是季度盈余公告中所披露的稀释每股收益，为验证主要实证结果的稳健性，本章在这一部分使用基本每股收益计算未预期盈余，具体为当年t季度基本每股收益减去上年t季度基本每股收益，再除以当年t季度末的股价。对模型（3.1）进行回归，相关回归结果列示在表3-8的第（3）列和第（4）列中。

表3-8　　企业集团聚类和重新计算未预期盈余的回归结果

VARIABLES	Dep.Var.= CAR [-2，2]			
	对企业集团聚类		重新计算未预期盈余	
	(1)	(2)	(3)	(4)
UE	0.367***	5.500***	0.415***	5.666***
	(3.28)	(2.91)	(3.68)	(2.75)
$QUARTER_1$	-0.013**	-0.013**	-0.013*	-0.013*
	(-2.21)	(-2.20)	(-1.96)	(-1.89)
$QUARTER_2$	-0.006	-0.005	-0.006	-0.005
	(-1.05)	(-0.88)	(-0.90)	(-0.77)
$QUARTER_3$	-0.005	-0.005	-0.005	-0.005
	(-0.87)	(-0.86)	(-0.77)	(-0.70)
$QUARTER_4$	-0.013*	-0.012	-0.013*	-0.012
	(-1.71)	(-1.51)	(-1.74)	(-1.58)
$UE \times QUARTER_1$	-0.375*	-0.511**	-0.388**	-0.500**
	(-1.80)	(-2.27)	(-1.97)	(-2.46)
$UE \times QUARTER_2$	-0.309**	-0.371**	-0.338**	-0.377**
	(-2.20)	(-2.09)	(-2.18)	(-2.07)
$UE \times QUARTER_3$	-0.284*	-0.380**	-0.341	-0.424*
	(-1.77)	(-2.26)	(-1.62)	(-1.96)
$UE \times QUARTER_4$	-0.172	-0.202	-0.213	-0.249
	(-0.96)	(-1.11)	(-1.08)	(-1.20)
MTB		-0.005**		-0.005**
		(-2.19)		(-2.15)
LOSS		-0.009		-0.008
		(-1.66)		(-1.36)
SIZE		-0.003*		-0.003
		(-1.78)		(-1.40)
BETA		-0.015		-0.016
		(-1.52)		(-1.59)

续表

VARIABLES	Dep.Var.= CAR ［-2，2］			
	对企业集团聚类		重新计算未预期盈余	
	（1）	（2）	（3）	（4）
Q4		0.061*** （2.86）		0.062** （2.50）
AGE		-0.004 （-0.48）		-0.005 （-0.62）
GROWTH		0.003 （0.83）		0.002 （0.60）
NONPERSISTENCE		-0.006** （-2.49）		-0.005** （-2.14）
UE×MTB		-0.175** （-2.20）		-0.172* （-1.96）
UE×LOSS		0.057 （0.32）		0.117 （0.63）
UE×SIZE		-0.098* （-1.67）		-0.096 （-1.50）
UE×BETA		-0.679** （-2.27）		-0.762*** （-2.76）
UE×Q4		0.050 （0.37）		0.041 （0.29）
UE×AGE		-0.687** （-2.41）		-0.742*** （-2.61）
UE×GROWTH		-0.088 （-0.81）		0.001 （0.01）
UE×NONPERSISTENCE		-0.156 （-1.42）		-0.096 （-0.73）
Constant	-0.073*** （-7.41）	0.045 （0.89）	-0.073*** （-6.64）	0.042 （0.73）

续表

VARIABLES	Dep.Var.= CAR [-2, 2]			
	对企业集团聚类		重新计算未预期盈余	
	(1)	(2)	(3)	(4)
Quarter-fixed effects	Yes	Yes	Yes	Yes
Industry-fixed effects	Yes	Yes	Yes	Yes
Observations	872	872	872	872
R-squared	0.086	0.116	0.088	0.116

注：(1) 前两列使用企业集团层面聚类稳健标准误，后两列使用企业层面聚类稳健标准误；(2) 所有连续变量进行1%和99%分位数的缩尾处理；(3) 括号内为t值；(4) ***、**、*分别表示在1%、5%和10%的水平上显著（双尾检验）。

由表3-8的回归结果可以看出，在未加入控制变量的模型中（第(3)列），交互项$UE \times QUARTER_1$和$UE \times QUARTER_2$的系数均显著为负，加入控制变量后，第(4)列的结果显示$UE \times QUARTER_3$上的系数也显著为负，说明更换未预期盈余指标的计算方法后，本章的主要回归结论仍然成立。

3.6.3 配对样本回归分析

为确保所观察到的非违规企业盈余反应系数的降低并非由其他原因所引起，本部分采用配对样本分析的方法将集团内非违规企业与特征接近且未经历类似事件的企业进行对比分析。具体来说，对于主回归中的每一个非违规成员企业，本章采用有放回的配对方式，找出一个隶属于某一集团、但该集团的成员企业从未发生信息披露违规的上市公司作为对照组，并依次满足年份相同、行业相同和违规前一个年度的总资产规模最接近的条件。使用SAS 9.4进行上述配对程序后，本章共得到214个实验组（非违规企业）和对照组（配对组）的企业，再找出其在相应的违规公告前一个季度和后四个季度的观测值，对模型（3.1）进行回归。

表3-9的Panel A报告了两组样本的回归结果。实验组的简单模型

（第（1）列）中$UE \times QUARTER_1$和$UE \times QUARTER_2$上的系数显著为负，加入控制变量后（第（2）列）$UE \times QUARTER_3$上的系数也显著为负。配对组在简单模型（第（3）列）和完整模型（第（4）列）中，季度和未预期盈余的交互项上的系数均不存在统计上的显著性；Panel B报告了两组样本在季度和未预期盈余交互项系数上的Chow检验，结果显示实验组在$UE \times QUARTER_1$和$UE \times QUARTER_2$上的系数均显著小于对照组。也就是说，与配对企业相比，实验组（非违规企业）在处罚公告后的盈余反应系数显著降低，进一步支持了本章的研究结论。

表3-9　**配对样本回归分析**

Panel A：配对组和实验组回归结果

变　量	Dep.Var.= CAR［-2，2］			
	实验组		配对组	
	（1）	（2）	（3）	（4）
UE	0.396***	5.619***	0.141	0.349
	（3.42）	（2.78）	（0.74）	（0.23）
$QUARTER_1$	-0.012**	-0.012**	-0.010	-0.011*
	（-2.13）	（-2.15）	（-1.55）	（-1.73）
$QUARTER_2$	-0.007	-0.007	-0.014**	-0.014***
	（-1.19）	（-1.11）	（-2.43）	（-2.67）
$QUARTER_3$	-0.005	-0.006	0.003	0.003
	（-0.87）	（-0.91）	（0.47）	（0.46）
$QUARTER_4$	-0.012	-0.011	-0.007	-0.007
	（-1.59）	（-1.44）	（-1.04）	（-1.14）
$UE \times QUARTER_1$	-0.411*	-0.515**	-0.033	0.069
	（-1.98）	（-2.24）	（-0.14）	（0.27）
$UE \times QUARTER_2$	-0.343**	-0.390**	-0.058	0.084
	（-2.39）	（-2.15）	（-0.26）	（0.35）
$UE \times QUARTER_3$	-0.247	-0.307*	0.012	0.126
	（-1.57）	（-1.73）	（0.06）	（0.56）
$UE \times QUARTER_4$	-0.201	-0.201	0.110	0.111
	（-1.08）	（-1.05）	（0.45）	（0.46）

续表

变 量	Dep.Var.= CAR ［-2，2］			
	实验组		配对组	
	(1)	(2)	(3)	(4)
MTB		-0.005**		-0.001
		(-2.18)		(-0.49)
LOSS		-0.011**		-0.022***
		(-2.00)		(-3.02)
SIZE		-0.003		-0.001
		(-1.51)		(-0.55)
BETA		-0.011		-0.017
		(-1.03)		(-1.64)
Q4		0.059***		-0.055**
		(2.71)		(-2.56)
AGE		-0.003		-0.005
		(-0.35)		(-0.66)
GROWTH		0.005		-0.000
		(0.88)		(-0.02)
NONPERSISTENCE		-0.006**		-0.000
		(-2.36)		(-0.14)
UE×MTB		-0.214**		-0.074
		(-2.03)		(-0.54)
UE×LOSS		0.007		-0.410***
		(0.03)		(-3.64)
UE×SIZE		-0.103*		-0.029
		(-1.68)		(-0.58)
UE×BETA		-0.709**		0.335
		(-2.32)		(1.28)
UE×Q4		0.038		-0.082
		(0.28)		(-0.50)
UE×AGE		-0.658**		0.090
		(-2.29)		(0.41)

续表

变　量	Dep.Var.= CAR ［-2，2］			
	实验组		配对组	
	（1）	（2）	（3）	（4）
UE×GROWTH		-0.210 （-1.13）		0.280 （1.48）***
UE×NONPERSISTENCE		-0.175 （-1.45）		-0.200 （-3.76）
Constant	-0.074*** （-7.50）	0.031 （0.59）	0.049** （2.01）	0.111 （1.56）
Quarter-fixed effects	Yes	Yes	Yes	Yes
Industry-fixed effects	Yes	Yes	Yes	Yes
Observations	848	848	877	877
R-squared	0.089	0.119	0.157	0.184
Panel B 估计系数差异				
变量	估计系数		Chow 检验	
	实验组	配对组	均值差	P值
UE×QUARTER$_1$	-0.515**	0.069	-0.584**	0.048
UE×QUARTER$_2$	-0.390**	0.084	-0.474*	0.093
UE×QUARTER$_3$	-0.307*	0.126	-0.433	0.152
UE×QUARTER$_4$	-0.201	0.111	-0.313	0.305

注：（1）使用企业层面聚类稳健标准误；（2）所有连续变量进行1%和99%分位数的缩尾处理；（3）括号内为t值；（4）***、**、*分别表示在1%、5%和10%的水平上显著（双尾检验）。

3.6.4 分季度回归

为进一步考察本章实证检验的稳健性，本部分采用不同的回归分析方法来验证主要实证结果的稳健性。具体而言，本章将违规公告后四个季度的观测值分别与公告前一个季度的观测值组成一个分析样本，再对总共四个样本分别进行差分回归分析。这种实证方法的优点在于保持了一个相对平衡的事件前和事件后的样本，而且允许每个事后季度的盈余反应系数与企业特征之间的关系存在不同。其缺点在于显著缩小了样本规模，降低了自变量的方差和解释力度。

$$CAR_{i,t} = \delta_0 + \delta_1 UE_{i,t} + \delta_2[UE_{i,t} \times POST_k] + \sum_{j=3}^{10}\delta_j CONTROLS_{i,t} + \sum_{l=11}^{18}\delta_l[UE_{i,t} \times CONTROLS_{i,t}] + Quarter + Industry + \varepsilon_{i,t} \tag{3.2}$$

上述模型中，本章主要关注的变量为交互项 $UE_{i,t} \times POST_k$。其中，$POST_k$ 为虚拟变量，当实验组取违规公告后第 k 季度的观测值时，$POST_k$（k =1，2，3，4）取 1，否则 $POST_k$ 取 0。其他变量与模型（3.1）一致，所有变量的定义如表 3-2 所示。本章预期该交互项的系数 δ_2 显著为负，代表着每单位未预期盈余在处罚公告后所能引起的市场反应变弱。

表 3-10 的第（1）列至第（4）列报告了模型（3.2）的回归结果。其中 POST 变量分别代表对应的事后四个季度的 $POST_k$ 虚拟变量。第（1）列、第（2）列和第（3）列的回归中 UE×POST 上的系数均显著为负，再次证明在处罚公告后，非违规企业连续三个季度的盈余反应系数显著降低。在对处罚公告后第四个季度的样本进行检验时，第（4）列的结果显示 UE×POST 上的系数不显著，这一结果与总样本的回归结果一致，说明非违规企业在经历了连续三个季度的盈余反应系数的降低之后，其声誉受损的效果开始减弱甚至消退。

3.6.5 违规前四个季度的 ERC

前述分析将违规前一个季度与违规后连续四个季度相比，发现违规公告后的盈余反应系数较违规前有所降低。那么不免产生疑问，违规前四个季度的盈余反应系数是否有显著差别，它们是否也呈现了一定的趋势？为解决这一问题，本部分针对非违规企业在违规公告前四个季度的盈余反应系数进行检验。具体而言，本章将违规前第一个季度作为对照组，分别将违规前第二、三、四季度与之进行比较，并进行以下模型（3.3）的回归：

$$CAR_{i,t} = \gamma_0 + \sum_{k=2}^{4} \gamma_{1(k-1)} BEFORE_{k-1} + \gamma_2 UE_{i,t} + \sum_{k=2}^{4} \gamma_{k-1} [BEFORE_{k-1} \times UE_{i,t}] + \sum_{j=4}^{11} \gamma_j CONTROLS_{i,t} + \sum_{l=12}^{19} \gamma_l [UE_{i,t} \times CONTROLS_{i,t}] + \varepsilon_{i,t} \quad (3.3)$$

其中，$BEFORE_{k-1}$为季度虚拟变量，当取违规前的第k个季度的观测值时（k = 2，3，4），$BEFORE_{k-1}$取1，否则取0。比如，当取违规前第二个季度的观测值时，$BEFORE_1$取1，否则取0。其他变量的定义与前述相同。如果违规公告前四个季度的盈余反应系数并不稳定，那么季度变量与未预期盈余的交互项$UE \times BEFORE_{k-1}$的系数γ_1应显著异于零。

表3-10的最后一列报告了模型（3.3）的回归结果。可以看出，季度与未预期盈余交互项上的系数并无统计上的显著性。因此，在违规公告前的四个季度，非违规企业的盈余反应系数一直是稳定的，本章的主要结论——非违规企业在违规公告后盈余反应系数的持续降低——并不是一种统计上的巧合。

表3-10　　**分季度回归与违规前四个季度的ERC**

变　量	Dep.Var.= CAR ［-2，2］				
	第一季度	第二季度	第三季度	第四季度	违规前四个季度
	（1）	（2）	（3）	（4）	（5）
UE	6.706**	1.522	4.430	4.001	3.594
	（2.57）	（0.45）	（1.48）	（1.18）	（1.59）
POST	-0.014*	-0.006	-0.012	-0.009	
	（-1.79）	（-0.86）	（-1.40）	（-0.85）	
UE × POST	-0.551**	-0.540**	-0.504**	-0.183	
	（-2.42）	（-2.58）	（-2.13）	（-0.79）	
$BEFORE_1$					-0.000
					（-0.04）
$BEFORE_2$					-0.002
					（-0.24）

续表

变量	Dep.Var.= CAR [-2, 2]				
	第一季度	第二季度	第三季度	第四季度	违规前四个季度
	(1)	(2)	(3)	(4)	(5)
$BEFORE_3$					-0.006 (-0.87)
$UE \times BEFORE_1$					-0.288 (-1.45)
$UE \times BEFORE_2$					-0.131 (-0.60)
$UE \times BEFORE_3$					-0.243 (-1.38)
MTB	-0.005 (-1.13)	-0.001 (-0.25)	-0.000 (-0.00)	-0.009** (-2.18)	-0.002 (-0.84)
LOSS	0.013 (0.86)	-0.002 (-0.15)	-0.016 (-1.60)	-0.004 (-0.36)	-0.012 (-1.60)
SIZE	-0.001 (-0.29)	0.005 (1.32)	-0.003 (-0.68)	-0.004 (-0.94)	0.001 (0.49)
BETA	-0.025 (-1.30)	-0.002 (-0.12)	-0.018 (-0.94)	-0.026 (-1.19)	-0.012 (-1.05)
Q4	0.129*** (3.34)	-0.010 (-0.31)	0.067*** (2.72)	0.040 (1.17)	0.007 (0.28)
AGE	-0.015 (-1.00)	0.018 (1.32)	0.010 (0.80)	0.001 (0.11)	0.004 (0.40)
GROWTH	0.014 (1.37)	-0.001 (-0.09)	0.002 (0.36)	0.011 (1.50)	-0.007 (-1.27)
NONPERSISTENCE	-0.003 (-0.46)	-0.008** (-2.06)	-0.011*** (-2.89)	-0.005* (-1.74)	-0.004 (-1.36)
UE×MTB	-0.017 (-0.14)	0.081 (0.56)	-0.232 (-1.59)	0.070 (0.44)	-0.077 (-0.71)

续表

变量	Dep.Var.= CAR [-2, 2]				
	第一季度	第二季度	第三季度	第四季度	违规前四个季度
	(1)	(2)	(3)	(4)	(5)
UE×LOSS	0.232 (0.76)	0.272 (1.05)	0.652** (2.33)	-0.250 (-0.79)	-0.059 (-0.29)
UE×SIZE	-0.074 (-0.81)	0.082 (0.78)	-0.061 (-0.61)	-0.069 (-0.65)	-0.032 (-0.43)
UE×BETA	-1.277*** (-3.31)	-0.362 (-1.05)	0.018 (0.04)	-0.447 (-0.93)	-0.452 (-1.39)
UE×Q4	-0.047 (-0.26)	0.260 (1.11)	-0.289 (-1.23)	0.318 (1.02)	0.061 (0.37)
UE×AGE	-1.182*** (-2.81)	-0.989** (-2.32)	-0.922* (-1.95)	-0.568 (-1.12)	-0.718** (-2.03)
UE×GROWTH	-0.358 (-1.48)	-0.416 (-1.64)	-0.667*** (-2.63)	-0.208 (-0.71)	0.084 (0.45)
UE×NONPERSISTENCE	-0.031 (-0.17)	0.109 (0.54)	0.095 (0.45)	-0.163 (-1.03)	-0.005 (-0.11)
Constant	-0.013 (-0.12)	-0.181* (-1.77)	-0.018 (-0.18)	0.030 (0.29)	-0.016 (-0.25)
Quarter-fixed effects	Yes	Yes	Yes	Yes	Yes
Industry-fixed effects	Yes	Yes	Yes	Yes	Yes
Observations	336	338	336	333	633
R-squared	0.253	0.245	0.262	0.237	0.127

注：(1) 使用企业层面聚类稳健标准误；(2) 所有连续变量进行1%和99%分位数的缩尾处理；(3) 括号内为t值；(4) ***、**、*分别表示在1%、5%和10%的水平上显著（双尾检验）。

3.7 本章小结

以往关于会计信息价值相关性的文献主要集中于研究企业自身披露的信息和关联企业的信息对本企业股票价格的影响，也就是考察会计信息与股票价格之间的直接关系，忽略了投资者对会计信息的信任程度，即会计信息的声誉这一中间环节。而近年来关于会计信息声誉的文献也主要研究了企业披露的信息对自身会计信息声誉的影响，尚未有研究探讨关联企业的信息是否会影响目标企业会计信息的声誉，即是否存在会计信息声誉的传染效应。本章基于我国丰富的企业集团数据，对会计信息声誉的传染效应是否存在进行了探讨。

本书的研究是按照会计信息的声誉传染效应“是否存在→作用机制→应对措施→经济后果”这一逻辑框架层层展开。本章考察的是本书研究框架中的第一个问题：会计信息的声誉传染效应是否存在。具体来说，本章通过借助信息披露违规处罚这一外生负面事件，利用我国丰富的企业集团数据，考察集团内的信息披露违规事件是否会导致非违规成员企业会计信息声誉受损。

由于新兴市场国家的社会体制尚不完备，通过市场竞争和价格机制所进行的交易成本过高，在这样的一种情形下，企业的边界会扩大直至边界内外的交易成本达到均衡（Coase，1937）。因此，无论是在我国还是在其他新兴市场，企业集团都是一种广泛存在的组织形式（Khanna和Yafeh，2007）。由于投资者会意识到集团内的企业在实际控制人、管理机制、企业文化等方面的相同之处，一家成员企业的负面事件很可能会对集团内其他成员企业的声誉造成负面影响，放大负面事件的影响范围，产生声誉的传染效应。

本章通过利用企业定期盈余公告所对应的盈余反应系数来度量会计信息可信度，对企业集团内的会计信息声誉传染现象进行了检验。研究发现：（1）对于首次信息披露违规行为，非违规企业在处罚公告后连续三个季度的盈余反应系数显著降低；（2）投资者对“初犯”和“惯犯”的态度不同，具体而言，对于多次发生信息披露违规行为的企业集团，非首次违规并不会导致集团内非违规成员企业盈余反应系数的显著降低；（3）不同于信息披露违规，非信息披露违规不会导致非违规成员企业盈余反应系数的显著降低。此外，对于可能导致非违规成员企业盈余反应系数降低的其他可能解释，比如政治关联的丧失和信息环境的改善，本章也进行了一一排除。最后，使用企业集团聚类、更换未预期盈余的计算方法、使用配对样本以及分季度回归后，主要结论仍然成立。

本章为理解企业集团中的会计信息声誉传染效应提供了理论和实践上的贡献。在理论方面，企业组织结构的差异使得西方文献中所考虑的基于外部机制的传染效应（如公司治理，行业属性等）在我国资本市场重要性降低；相反，基于企业集团内部控制链的传染效应则相对增强，企业集团属性放大了单家成员企业的负面事件所带来的影响。在实践方面，本书的结论对于我国资本市场的风险管控提供了政策启示。当企业集团中某家企业发生违规等负面事件时，其所带来的负面影响有可能是系统性的，而并不局限于该企业。为此，市场监管部门应该更加关注集团成员企业的负面事件的风险扩散效应。

第4章　不确定性与会计信息声誉传染效应

4.1　引言

根据本书第2章对声誉特点的介绍，当群体外的个体无法对群体内的所有个体进行准确区分和判断时，群体内某一个体的不当行为，会导致群体外对群体内的所有个体产生负面评价（张维迎，2013）。同样地，由于投资者无法准确预测企业未来的盈余信息，这种信息不确定性（Information Uncertainty，IU）导致集团内某一家企业的信息披露违规行为使得同一集团内的其他企业会计信息的声誉受损；而且信息不确定性程度越大时，投资者可能更加依赖企业集团内的其他成员企业的行为或特征来对目标企业进行判断。设想这样一种极端情况，如果投资者可以完全对企业的盈余信息或股票价格进行准确预测，那么投资者根本不需要其他的信息来对这一预测进行修正，集团内的负面事件也不会影响投资者对目标企业未来盈余的判断，进而不会产生会计信息的声誉传染效应。

作为专业的信息分析媒介，分析师预测值越分散，则意味着该企业的估值越困难，因此，本章使用分析师预测分散度来衡量企业的信息不确定性（Imhoff和Lobo，1992；Barron等，1998；Barron和Stuerke，1998；Diether等，2002；Zhang，2006）。通过手工整理的中国企业集团的数据，本章研究发现，非违规企业的信息不确定性越大，集团内违规事件所导致的非违规企业盈余反应系数降低的持续时间越长，传染效应越强；非违规企业的信息不确定性程度较小时，集团内的违规事件并不能引起非违规企业盈余反应系数的降低，即不会导致会计信息声誉传染效应的产生，因为投资者可能并不需要使用成员企业违规这一公开的信息来对非违规企业的会计信息进行评价。进一步分析发现，违规严重程度、非违规企业与违规企业的相似程度也影响着会计信息声誉传染效应的强度。进行企业集团聚类和更换未预期盈余指标的稳健性检验后，上述结论依然成立。

本章的研究结论具有重要的理论价值和实践意义。在理论方面，本章补充了会计信息声誉传染效应影响因素的文献，拓展了会计信息价值相关性领域的研究。本书第3章证实了会计信息声誉传染效应在企业集团内部存在，具体表现在违规事件后，非违规成员企业的盈余反应系数发生持续的、显著的降低。在此基础之上，本章进一步分析发现非违规成员企业会计信息的不确定性程度决定着上述盈余反应系数降低的程度，丰富了会计信息声誉传染效应领域的研究文献。

在实践意义上，本章的研究结论为资本市场的监管指明了方向，为资本市场的稳定发展和健康运行提供有益建议。当一家企业发生丑闻时，监管部门不仅应关注企业集团及其附属成员企业，更明确地，还应将监管的重点放在信息不确定程度较大的非违规成员企业上，督促其及时采取整改措施以缓解传染效应的负面影响，最大程度上降低由此可能带来的潜在损失，控制负面风险扩散的范围，进而维护资本市场的健康稳定运行。

本书的逻辑框架是依次考察会计信息声誉传染效应“是否存在→作用机制→应对措施→经济后果”这四个问题，本章研究的是上述逻辑框架中的第二个问题，即考察会计信息声誉传染效应的作用机制。本章的后续安排如下：第二节为研究假设的提出；第三节为研究设计，主要包括数据来源、变量定义和模型设定；第四节为实证结果分析，包括描述性统计、相关性分析和回归结果分析等部分；第五节为进一步分析，分别考察了相似程度、违规严重程度对传染效应的影响；第六节是稳健性检验；第七节是本章小结。

4.2 研究假设

信息不确定性（Information Uncertainty，IU）是指市场或投资者对未来股票价格的模糊性，信息不确定性反映了决定未来收益或现金流的因素的不确定性（Lewellen和Shanken，2000；2002；Chen，2013）。换言之，信息不确定性可以被定义为“价值模糊”，或者说最博学的投资者用合理的成本对企业价值进行合理估计的程度（Jiang等，2005）。信息不确定性不同于信息不对称（Information Asymmetry）。信息不对称来源于市场参与者对企业或商品了解程度的差异，例如一些机构比其他投资者更了解某一家企业的价值（Jiang等，2005）。与之不同，资本市场参与者都面临企业的信息不确定问题，而且都难以准确评估信息不确定对企业未来利润或现金流的影响（沈华玉和吴晓晖，2018）。

信息不确定性决定着会计信息的声誉传染效应。首先，由于信息不确定性的存在，投资者在对企业盈余进行预测时，往往需要使用其他公开的信息来修正对未来盈余的预测。根据贝叶斯定理，当企业未来盈余的不确定性更大时，投资者将更加依赖其他已公开的信息。Yeung（2009）的研究也证实了这一观点，发现当企业未来盈余的不确定程度越大时，分析师越依赖企业的当期盈余信息来修正他们对未来盈余的预期。因此，当非违规企业未来盈余的不确定性越大时，投资者更可能需要用同一集团内其他企业的信息来评估和判断非违规企业的信息质量，比如同一集团内其他企业披露的违规公告；反之，当未来盈余的不确定性较小时，非违规企业的投资者可能并不需要使用关联企业的信息来帮助做出判断和修正，进而不会产生会计信息的声誉传染效应。

其次，在理论上，一个完全透明的信息环境意味着投资者并不需要外部信息来协助其进行投资分析决策。然而在现实环境中，不确定性不仅存在，而且不同企业的不确定性程度体现出极大的差异。高信息不确定性的公司，其未来现金流更加不可知，原因可能是他们的业务活动或经营环境的性质所导致的。这些公司往往具有较高的信息获取成本，对其基本面信息的估计也并不可靠，且极易发生变动（Jiang等，2005）。因此，更高的不确定性增加了投资者对于外部可获取信息的需求，而且集团内的违规处罚公告这一公开的信息极易被投资者所获取，从而使得集团内违规处罚信息产生的负面效应更为强烈。

根据上述两个角度的分析，本章预期盈余信息不确定性的存在导致了会计信息的声誉传染效应，而且信息不确定性程度与会计信息声誉传染效应的强度正相关，假设4-1表述如下：

假设4-1：非违规企业盈余信息不确定性的存在导致了会计信息声誉传染效应的产生，不确定性程度越高，会计信息的声誉传染效应越强。

4.3 研究设计

4.3.1 数据来源

本章手工整理了2008—2014年所有A股上市公司隶属的企业集团的信息。以2008年为样本选择的起点的原因是，2007年实施了新的会计准则，对基本每股收益和稀释每股收益的计算方法和列报方式进行了规范，而本书相关指标的计算需要使用滞后期的稀释每股收益和基本每股收益数据[①]，因此，以2008年为样本选择的起点可以保证指标计算的可得性，同时有效避免由于准则的变动而引起的干扰。以2014年为样本选择终点的原因是，2015年8月，中共中央、国务院印发了《关于深化国有企业改革的指导意见》，提出积极引入各类投资者实现股权多元化，大力推动国有企业改制上市，创造条件实现集团公司整体上市。国

① 在主回归中使用稀释每股收益计算未预期盈余，在稳健性检验中使用基本每股收益计算未预期盈余。

有企业集团的改革和重组，不仅使得企业集团内部成员企业发生变动，也会影响投资者对企业集团和上市公司前景的预期，对本书的研究产生干扰作用，因此本书的样本期间截止到2014年。

针对信息披露违规的界定，伍利娜和高强（2002）认为上市公司信息披露违规是对信息的操纵和滥用，如披露虚假财务报表、传播虚假信息、更改交易记录等行为。借鉴这一观点，并根据国泰安数据库中对违规类型的分类[①]，本章所研究的信息披露违规包括“虚构利润、虚列资产、虚假记载（误导性陈述）、重大遗漏、披露不实和一般会计处理不当”，本章预期上述六类信息披露违规行为会影响投资者对季度盈余公告的信任程度。

与第3章的分析一致，对于样本期间内有两个或两个以上上市公司信息披露违规事件的企业集团，为不影响可比性及排除噪声的干扰，本章仅保留第一个信息披露违规事件。本章还剔除了金融业的上市公司并删除了缺失值，最终得到872个企业-季度观测值。

4.3.2 变量定义

作为不可或缺的市场参与主体，分析师在我国资本市场上发挥着日益重要的作用。根据国泰安（CSMAR）数据库的统计，2001—2013年我国共有2 766个分析师累积发布了211 401份分析报告。其中，仅在2013年一年就发布了分析师报告44 276份，涉及1 735家公司，覆盖全部上市公司的68.96%。此外，分析师报告具有很强的可得性，在各大财经网站和各类交易平台中可以轻易获取。覆盖范围的广泛性和分析数据的可得性使得分析师在资本市场上的影响力逐渐增加。

作为重要的信息媒介，分析师的预测解释了企业信息环境的属性（Barron等，1998）。Dyck等（2010）研究发现分析师具有信息收集方面的优势，比监管部门更有能力发现企业的财务舞弊；潘越等（2011）研究发现，分析师跟踪可以抑制企业管理层隐藏负面信息的倾向，在一定

① 国泰安数据库中定义的违规类型：1.虚构利润；2.虚列资产；3.虚假记载（误导性陈述）；4.推迟披露；5.重大遗漏；6.披露不实；7.欺诈上市；8.出资违规；9.擅自改变资金用途；10.占用公司资产；11.内幕交易；12.违规买卖股票；13.操纵股价；14.违规担保；15.一般会计处理不当；16.其他。

程度上降低股价崩盘风险；Hong等（2014）的研究指出，分析师还可以抑制管理层进行盈余管理的动机。由此可见，证券分析师凭借信息搜集和分析方面的专业优势（Dyck等，2010），通过发布证券分析报告对企业和投资者产生影响，改善了企业的信息环境。

作为专业的信息分析媒介，不同分析师对于同一企业做出的预测理论上应较为接近，因为同一企业的基本面对于所有分析师都是一样的。然而，不确定性的存在使得分析师之间在信息获取渠道和信息内容解读上产生了极大的差别，从而使得其预测的分散度增加。在以往研究中，分析师预测分散度被广泛用于衡量未来盈余的不确定性，以及分析师或市场参与者的共识程度（Imhoff和Lobo，1992；Barron等，1998；Barron和Stuerke，1998；Diether等，2002；Zhang，2006）。借鉴这些研究，本章使用分析师预测分散度来衡量信息的不确定性程度，并且预期当分析师预测的分散度越高时，企业盈余信息的不确定性越高，由集团内违规处罚公告所引起的非违规企业盈余系数降低的幅度也更大。

在具体的实证分析中，本章使用非违规企业在违规公告前一个年度分析师盈余预测的标准差除以期末股价作为分析师预测的分散度（Dispersion）。进一步地，本章将Dispersion按照大小顺序分为两组，当观测值处于分析师预测分散度较高的组时，Dispersion取1，否则取0.

4.3.3 实证模型

在第3章中，本书通过比较违规处罚前和违规处罚后非违规企业的盈余反应系数的变化来考察非违规企业会计信息的声誉是否受损。研究发现，与违规前一个季度相比，非违规成员企业在违规后季度的盈余反应系数发生了显著、持续的下降，证实了会计信息声誉传染效应的存在。紧接着，本章将继续考察信息不确定性对会计信息声誉传染效应的影响。

在具体的操作中，本章通过分组回归对假设4-1验证。具体来说，本章将分析师预测分散度Dispersion按照大小顺序分为两组，再对Dispersion = 1（高信息不确定性）和Dispersion = 0（低信息不确定性）两组样本分别进行模型（4.1）的回归，考察在这两种不同的情形下，非违规成员企业的盈余反应系数是否有不同程度的降低。

$$CAR_{i,t}=\alpha_0+\sum_{k=1}^{4}\alpha_{1k}QUARTER_k+\alpha_2 UE_{i,t}+\sum_{k=1}^{4}\alpha_{3k}[QUARTER_k\times UE_{i,t}]+\sum_{j=4}^{11}\alpha_j CONTROLS_{i,t}+\sum_{l=12}^{19}\alpha_l[UE_{i,t}\times CONTROLS_{i,t}]+Quarter+Industry+\varepsilon_{i,t} \quad (4.1)$$

$$CONTROLSi,t=\{MTBi,t,LOSSi,t,SIZEi,t,BETAi,t,Q4i,t,AGEi,t,GROWTHi,t,NONPERSISTi,t\}$$

本章进行分组回归而不使用交互项的原因是，模型（4.1）中已有12项两个变量相乘的两乘项，如果再加入第三个变量相乘后，模型中将至少有4项三个变量相乘的三乘项和15项两个变量相乘的两乘项，将大大增加模型的多重共线性问题，可能使得本应显著的参数却不显著，得出错误的回归结论。鉴于此，本章使用分组回归的方法来避免这一多重共线性问题。

在模型（4.1）中，被解释变量$CAR_{i,t}$为企业i在t季度盈余宣告日前后［-2，+2］时间窗口内经市场调整的累积超额收益。$QUARTER_k$（k = 1，2，3，4）为指示变量，当处于违规处罚后第k个季度时，$QUARTER_k$取1，否则取0。$UE_{i,t}$为未预期盈余，用当年t季度稀释每股收益减去上年t季度稀释每股收益，再除以当年t季度末的股价计算（Chen等，2014）。

在上述模型中，对照组为违规处罚公告前一个季度的盈余公告事件，此时$QUARTER_k$等于0，系数α_2代表该季度的累积超额收益和未预期盈余之间的关系，即违规公告前的盈余反应系数（ERC）。这里分别将处罚公告后连续四个季度的盈余反应系数与对照组进行比较，交乘项$UE_{i,t}\times QUARTER_k$的系数α_{3k}反应了各季度盈余反应系数相对于公告前的变化。根据假设4-1，本章根据非违规企业不确定性程度的高低将样本分为高低两组，并预期不确定性程度较高的分组（Dispersion=1）盈余反应系数降低的程度更强烈。

对于模型（4.1）中的其他可能影响ERC的控制变量：MTB为市账比，用总资产的市值（股权市场价值加债权账面价值）除以账面价值，控制企业的成长机会，成长机会大的企业盈余反应系数更高（Collins和Kothari，1989）；LOSS为指标变量，如果报告盈余为正，则取1，否则取0；SIZE为企业规模，用企业总资产的自然对数度量；BETA为贝塔系数，代表风险水平，用本季度前48个月的个股月回报率和市场的月回报率进行回归得到；Q4为指示变量，如果宣告的是年度报告的盈余信息，则取1，否则取0；AGE为企业年龄，成立时间较短的企业，未来的不确定性更高，会计信息的价值相关性越弱，用成立天数除以360再取自然对数计算；GROWTH为企业的成长速度，用营业收入的环比增长率表示，营业收入增长率越高，盈余反应系数越高；NONPERSIST为盈余的不可持续性，NONPERSIST越大，盈余可持续性越低，盈余反应系数越低，用非经常性损益除以税前利润计算（叶康涛等，2014）。表4-1列示了主要变量的定义。

表4-1 **主要变量定义**

变量名称	变量定义
Panel A：被解释变量和解释变量	
CAR	非违规企业在季度盈余宣告日［-2，+2］期间经市场调整的累积超额收益
UE	未预期盈余，非违规企业季度每股收益减去上年该季度的每股收益，除以季度末股价
$QUARTER_k$	违规处罚后第k季度的指示变量（k = 1，2，3，4），当盈余宣告日属于处罚后第k个季度时，$QUARTER_k$取1，否则取0
Panel B：分组变量	
Dispersion	分析师预测分散度，违规前一个年度分析师预测标准差除以上年年末股价。分析师预测分散度较高时，Dispersion取1，否则取0
Panel C：控制变量	
MTB	市账比，总资产市值除以账面价值
LOSS	是否亏损的虚拟变量，亏损时取1，否则取0
SIZE	企业规模，总资产的自然对数
BETA	Beta系数，用季度前48个月的个股回报率和市场回报率回归所得
Q4	是否为年度报告的虚拟变量，当公布的是年度报告时取1，否则取0
AGE	企业年龄，计算方法为：Log［（季度盈余宣告日-成立日期）/360］
NONPERSIST	盈余的不可持续性，非经常性损益除以税前利润（叶康涛等，2014）
GROWTH	成长速度，用季度营业收入减去上年该季度的营业收入，再除以上年该季度的营业收入

4.4 实证结果分析

4.4.1 描述性统计

表4-2报告了本章主要变量的描述性统计。由结果可以看出，累积超额收益CAR的均值为0，中位数为-0.006，标准差达到0.054，最小值为-0.113，最大值为0.207。未预期盈余UE的均值为-0.004，中位数为0，标准差为0.027，最小值为-0.109，最大值为0.093。对于本章主要考察的分组变量，Dispersion的最小值为0，最大值为1，均值为0.523，说明有52.30%的企业-季度观测值处于分析师预测分散度较高的分组。

对于控制变量，市账比MTB平均值达到2.071，中位数为1.617，标准差为1.271，最小值为0.841，最大值为7.979。是否亏损的虚拟变量LOSS的均值为0.197，说明样本中约19.70%的观测值宣告的盈余为负。总资产的对数SIZE均值为22.276，中位数为22.012，标准差为1.438，最小值为18.954，最大值为26.360。最后，企业年龄的自然对数AGE均值为2.735，说明样本中上市公司成立年限平均约为15年。

表4-2 **描述性统计**

变　量	观测值	平均值	中位数	标准差	最小值	最大值
Panel A：被解释变量和解释变量						
CAR	872	-0.000	-0.006	0.054	-0.113	0.207
UE	872	-0.004	-0.000	0.027	-0.109	0.093
Panel B：分组变量						
Dispersion	593	0.523	1.000	0.500	0.000	1.000
Panel C：控制变量						
MTB	872	2.071	1.617	1.271	0.841	7.979
LOSS	872	0.197	0.000	0.398	0.000	1.000
SIZE	872	22.276	22.012	1.438	18.954	26.360
BETA	872	1.000	1.023	0.218	0.423	1.484
Q4	872	0.196	0.000	0.397	0.000	1.000
AGE	872	2.735	2.743	0.291	1.860	3.408
GROWTH	872	0.161	0.056	0.601	-0.841	4.197
NONPERSIST	872	0.247	0.038	0.809	-1.197	5.404

注：所有连续变量都经过了1%和99%分位数的缩尾处理。

4.4.2 相关性分析

主要变量的相关性分析列示在表4-3中，其中上三角为Spearman相关系数，下三角为Pearson相关系数。从表4-3可以看出，累积超额收益CAR和未预期盈余UE的相关系数分别为0.096（Spearman相关系数）和0.078（Pearson相关系数），且分别在5%和10%的水平上显著，与理论相符；CAR与Dispersion的相关系数为0.043（0.054），但不具有统计上的显著性。对于控制变量，市账比MTB、是否亏损的虚拟变量LOSS、企业年龄AGE与累积超额收益CAR显著负相关，说明市账比越高的企业、发生亏损的企业和经营时间越长的企业，盈余公告期间的累积超额收益越低；企业成长速度GROWTH与累积超额收益CAR显著正相关，说明企业营业收入增长越快，盈余公告期间的累积超额收益率越高。

4.4.3 回归结果

本章从非违规企业的投资者对于外部信息需求的角度出发来检验本章的研究问题。在实证分析中，本章采用非违规企业在违规公告前一个年度分析师盈余预测的标准差除以期末股价作为分析师预测的分散度，记为Dispersion。如前述所述，如果采用将Dispersion与原来模型中的变量相乘的方式进行回归，将出现严重的多重共线性问题，因此，本章使用分组回归的方法对假设进行检验。具体来说，将非违规成员企业的Dispersion按照数值大小分为高低两组，当观测值处于较高组时，Dispersion取1，当观测值处于较低组时，Dispersion取0。随后，将Dispersion=1和Dispersion=0的两组样本分别进行回归。

表4-4报告了对信息不确定性的分组回归结果。可以看出，在信息不确定性相对较高的样本组中（第（1）列和第（2）列），交互项UE×$QUARTER_1$，UE×$QUARTER_2$，UE×$QUARTER_3$和UE×$QUARTER_4$上的系数均显著为负，其在简化模型中的估值分别为-0.793（t = -2.29），-0.702（t = -2.67），-0.756（t = -2.40）和 -0.630（t = -2.07），在完整模型中的估计值分别为-0.891（t = -2.46），-0.707（t = -2.23），-0.649（t = -1.83）和-0.770（t = -2.26）。而对于不确定性较低的样本组（第

表4-3

相关性分析

变　量	CAR	UE	Dispersion	MTB	LOSS	SIZE	BETA	Q4	AGE	GROWTH	NONPERSIST
CAR	1	0.096**	0.043	-0.066	-0.162***	0.013	-0.029	0.004	-0.093**	0.083**	0.022
UE	0.078*	1	-0.126***	0.188***	-0.324***	-0.043	-0.053	0.029	0.039	0.416***	0.141***
Dispersion	0.054	-0.106**	1	-0.348***	0.038	0.244***	0.038	-0.035	0.022	-0.138***	-0.050
MTB	-0.092**	0.168***	-0.291***	1	-0.034	-0.657***	0.068*	0.026	-0.279***	0.138***	0.040
LOSS	-0.156***	-0.332***	0.038	0.007	1	-0.057	0.101**	-0.052	0.045	-0.252***	-0.415***
SIZE	0.020	-0.065	0.242***	-0.556***	-0.0579	1	-0.235***	-0.045	0.266***	0.011	-0.120***
BETA	-0.036	-0.055	0.028	0.054	0.0824**	-0.288***	1	0.003	-0.058	0.015	0.073*
Q4	0.000	-0.086**	-0.035	0.011	-0.052	-0.040	0.005	1	-0.021	0.054	0.094**
AGE	-0.092**	0.040	0.028	-0.230***	0.049	0.186***	-0.056	-0.015	1	-0.032	0.015
GROWTH	0.044	0.320***	-0.063	0.085**	-0.120***	-0.017	0.041	0.031	0.030	1	0.080*
NONPERSIST	-0.021	0.043	0.016	0.039	-0.113***	-0.133***	0.113***	0.118***	0.048	-0.030	1

注：所有连续变量都经过了1%和99%分位数的缩尾处理。

（3）列和第（4）列），季度变量与未预期盈余交互项上的系数在两个模型中均不显著。这样的结果说明，当信息不确定性越高时，由集团内违规事件导致的非违规企业信息。

表4-4 **信息不确定性与传染效应**

VARIABLES	Dep.Var.= CAR ［-2，2］			
	不确定性高 Dispersion=1		不确定性低 Dispersion=0	
	（1）	（2）	（3）	（4）
UE	0.685***	5.500	0.445	3.026
	（3.53）	（1.42）	（1.13）	（0.66）
$QUARTER_1$	-0.014	-0.015	-0.039***	-0.038***
	（-1.30）	（-1.37）	（-3.28）	（-3.15）
$QUARTER_2$	-0.013	-0.011	-0.014	-0.012
	（-1.21）	（-1.08）	（-0.96）	（-0.81）
$QUARTER_3$	-0.007	-0.003	-0.025*	-0.026*
	（-0.71）	（-0.26）	（-1.79）	（-1.80）
$QUARTER_4$	-0.009	-0.005	-0.038**	-0.037**
	（-0.75）	（-0.39）	（-2.64）	（-2.29）
$UE \times QUARTER_1$	-0.793**	-0.891**	-0.145	-0.380
	（-2.29）	（-2.46）	（-0.34）	（-0.73）
$UE \times QUARTER_2$	-0.702***	-0.707**	0.034	-0.343
	（-2.67）	（-2.23）	（0.08）	（-0.52）
$UE \times QUARTER_3$	-0.756**	-0.649*	0.248	-0.021
	（-2.40）	（-1.83）	（0.52）	（-0.03）
$UE \times QUARTER_4$	-0.630**	-0.770**	0.085	0.132
	（-2.07）	（-2.26）	（0.16）	（0.19）
MTB		-0.015**		-0.016***
		（-2.41）		（-3.32）
LOSS		-0.019		-0.019
		（-1.09）		（-1.20）
SIZE		-0.007		-0.011***
		（-1.46）		（-2.92）

续表

VARIABLES	Dep.Var.= CAR [-2，2]			
	不确定性高 Dispersion=1		不确定性低 Dispersion=0	
	(1)	(2)	(3)	(4)
BETA		-0.044** (-2.49)		-0.006 (-0.38)
Q4		0.066 (1.14)		-0.072 (-1.21)
AGE		-0.020 (-1.01)		-0.010 (-0.77)
GROWTH		0.004 (0.40)		0.007 (0.60)
NONPERSISTENCE		0.003 (0.70)		-0.015*** (-4.38)
UE×MTB		-0.299 (-1.03)		0.064 (0.18)
UE×LOSS		-0.350 (-0.92)		-0.795 (-1.42)
UE×SIZE		-0.064 (-0.63)		0.004 (0.03)
UE×BETA		-0.761 (-1.58)		-0.351 (-0.39)
UE×Q4		-0.073 (-0.29)		0.365 (1.02)
UE×AGE		-0.750 (-1.59)		-0.754 (-1.30)
UE×GROWTH		0.033 (0.18)		-0.440** (-0.89)
UE×NONPERSISTENCE		-0.240 (-1.64)		-0.586*** (-2.22)
Constant	0.036 (1.42)	0.248* (1.82)	0.111*** (3.49)	0.340 (2.69)

续表

VARIABLES	Dep.Var.= CAR [-2, 2]			
	不确定性高 Dispersion=1		不确定性低 Dispersion=0	
	(1)	(2)	(3)	(4)
Quarter-fixed effects	Yes	Yes	Yes	Yes
Industry-fixed effects	Yes	Yes	Yes	Yes
Observations	310	310	283	283
R-squared	0.251	0.300	0.215	0.284

注：(1) 使用公司层面聚类稳健标准误；(2) 所有连续变量进行1%和99%分位数的缩尾处理；(3) 括号内为t值；(4) ***、**、*分别表示在1%、5%和10%的水平上显著（双尾检验）。

可信度的降低持续了更长的时间，声誉损失恢复的过程也更为缓慢；相反地，当信息不确定性较低时，并不会引起非违规企业会计信息声誉的显著降低，也就是不会导致会计信息声誉传染效应的发生。本章的假设4-1得到了支持。

4.5 进一步分析

4.5.1 相似程度与传染效应

本书前述的理论分析认为集团内违规企业的处罚公告传递出了一个负面信号，进而影响了非违规企业的声誉。如果这个假设成立，那么一个必要条件就是声誉的传染效应取决于负面信号的强度。设想，如果集团内非违规企业和违规企业具有更为相似的特征，违规公告就向非违规企业的投资者传达了更为强烈的负面信号，使得投资者更有充足的理由怀疑非违规企业的信息可信度。进一步来说，企业是否处于同一行业或聘用了同样的信息中介很有可能为投资者所考虑的一个渠道。Gleason等（2008）的研究发现当一个企业发生财务重述时，其他同行业非重述企业的股票价格也会降低；Kedia等（2015）指出当同行业或地理位置邻近的公司发生财务重述时，一家公司更有可能开始进行盈余管理。此外，Francis和Michas（2013）发现当一家审计师的客户公司发生错报后，该审计师的其他客户公司在接下去的五年内发生错报的概率会显著增加；利用中国资本市场的数据，徐艳萍和王坤（2015）发现聘请相同审计师的上市公司所提供的财务信息质量之间存在传染效应。基于此，本章认为，当集团内违规企业与非违规企业处于同一行业或聘用同一个审计师时，违规的信号强度越强，传染效应更为明显。

为检验相似程度对会计信息声誉传染效应的影响，本章选取非违规企业和违规企业是否处于同一行业以及是否聘用同一审计师作为相似特征的代理变量，并对这四组样本分别作回归分析，以检验非违规企业在处罚公告前后盈余反应系数的不同变化。表4-5报告了分组回归的结果。研究发现，非违规企业的声誉损失集中在相同行业和聘用相同审计师的子样本中。具体而言：

（1）是否处于相同行业[①]

对于是否处于相同行业的条件分析，表4-5中的第（1）列和第（2）列报告了非违规企业和违规企业处于相同行业的子样本回归结果，第（3）列和第（4）列是两者处于不同行业的子样本回归结果。$UE \times QUARTER_1$的系数仅在行业相同的子样本中显著，其中简化模型（第（1）列）的估计值为-0.451（t = -2.07），完整模型（第（2）列）的估计值为-0.537（t = -2.29）。而在处于不同行业的子样本回归结果中，季度变量与未预期盈余交互项上的系数无论是在简化模型（第（3）列）还是完整模型（第（4）列）中均未呈现出统计上的显著性。这样的结果说明，当集团内非违规企业与违规企业处于不同行业时，非违规企业的盈余反应系数并没有受到违规公告的负面影响。

（2）是否聘用相同审计师

对于是否聘用相同审计师的条件分析，表4-5中的第（5）列和第（6）列报告了在违规公告宣布的当年，非违规企业和违规企业聘用相同

① 根据证监会2012年修订的《上市公司行业分类指引》中对行业的分类标准，如果两家企业的行业代码的首位字母（所属门类）相同，本章即认为他们处于同一行业。此外，本章还以行业代码的前两位是否相同作为是否处于相同行业的判断标准，结论不变。在此仅报告第一种分类方法的分组回归结果。

审计师的子样本回归结果，第（7）列和第（8）列是聘用不同审计师的回归结果。可以看出，聘用相同审计师的非违规企业的盈余反应系数持续降低了二至三个季度，具体而言，简单模型（第（5）列）结果显示非违规企业的盈余反应系数持续降低了两个季度（-1.123，t=-3.45；-0.859，t=-2.96），加入控制变量后的模型（第（6）列）结果显示其盈余反应系数持续降低了三个季度（-1.476，t=-4.00；-1.109，t=-2.91；-0.715，t=-1.83）；而聘用不同审计师的非违规企业仅在违规公告后的第三个季度发生了盈余反应系数在10%水平上的显著降低（-0.470，t=-1.81）。这样的一个对比说明，当与违规企业聘用相同审计师时，集团内非违规企业在违规公告后的三个季度经历了更为严重的盈余反应系数的降低。

表4-5　**相似程度与传染效应**

VARIABLES	Dep.Var.= CAR [-2, 2]							
	行业相同		行业不同		审计师相同		审计师不同	
	(1)	(2)	(3)	(4)	(5)	(6)	(7)	(8)
UE	0.406***	4.463**	0.296*	6.234	0.566***	7.658	0.250*	4.906**
	(2.74)	(2.28)	(1.90)	(1.18)	(2.65)	(1.62)	(1.70)	(2.23)
$QUARTER_1$	-0.010	-0.009	-0.020**	-0.019**	-0.019	-0.019	-0.005	-0.007
	(-1.11)	(-1.06)	(-2.17)	(-2.13)	(-1.57)	(-1.48)	(-0.64)	(-0.85)
$QUARTER_2$	-0.005	-0.007	-0.008	-0.006	-0.023*	-0.018	0.006	0.004
	(-0.55)	(-0.79)	(-0.79)	(-0.63)	(-1.93)	(-1.33)	(0.67)	(0.47)
$QUARTER_3$	0.000	-0.002	-0.013	-0.012	-0.012	-0.013	0.001	-0.000
	(0.00)	(-0.20)	(-1.19)	(-1.04)	(-0.89)	(-0.91)	(0.17)	(-0.05)
$QUARTER_4$	-0.010	-0.010	-0.023*	-0.021	-0.019	-0.018	-0.006	-0.007
	(-1.05)	(-1.06)	(-1.74)	(-1.62)	(-1.44)	(-1.23)	(-0.63)	(-0.78)
$UE \times QUARTER_1$	-0.451**	-0.537**	-0.413	-0.797	-1.123***	-1.476***	-0.001	-0.106
	(-2.07)	(-2.29)	(-0.91)	(-1.56)	(-3.45)	(-4.00)	(-0.00)	(-0.46)
$UE \times QUARTER_2$	-0.225	-0.312	-0.587	-0.803	-0.859***	-1.109***	-0.035	-0.069
	(-1.20)	(-1.50)	(-1.40)	(-1.50)	(-2.96)	(-2.91)	(-0.16)	(-0.27)

续表

VARIABLES	Dep.Var.= CAR [-2, 2]							
	行业相同		行业不同		审计师相同		审计师不同	
	(1)	(2)	(3)	(4)	(5)	(6)	(7)	(8)
$UE \times QUARTER_3$	-0.139	-0.230	-0.627	-0.604	-0.307	-0.715*	-0.405	-0.470*
	(-0.57)	(-0.95)	(-1.19)	(-1.08)	(-0.93)	(-1.83)	(-1.55)	(-1.81)
$UE \times QUARTER_4$	-0.083	-0.110	-0.298	-0.260	0.127	-0.029	-0.148	-0.209
	(-0.34)	(-0.41)	(-0.70)	(-0.56)	(0.31)	(-0.07)	(-0.65)	(-0.80)
MTB		-0.003		-0.012**		-0.004		-0.005*
		(-0.79)		(-2.59)		(-0.62)		(-1.77)
LOSS		-0.008		-0.007		-0.016		-0.008
		(-1.01)		(-0.50)		(-1.21)		(-1.06)
SIZE		0.003		-0.012***		0.001		-0.004
		(1.02)		(-2.95)		(0.24)		(-1.61)
BETA		0.011		-0.033**		-0.006		-0.013
		(0.74)		(-1.99)		(-0.26)		(-0.97)
Q4		0.066***		-0.060		-0.053		0.097***
		(3.04)		(-1.04)		(-1.07)		(4.08)
AGE		-0.006		-0.015		-0.018		0.003
		(-0.68)		(-1.06)		(-1.52)		(0.23)
GROWTH		0.002		0.006*		-0.001		0.005
		(0.41)		(1.84)		(-0.10)		(1.18)
NONPERSISTENCE		-0.002		-0.013***		-0.010**		-0.004
		(-0.52)		(-3.30)		(-2.56)		(-1.17)
UE×MTB		-0.023		-0.282		-0.015		-0.175
		(-0.15)		(-1.12)		(-0.04)		(-1.59)
UE×LOSS		0.077		-0.265		-0.203		0.077
		(0.38)		(-0.62)		(-0.54)		(0.34)
UE×SIZE		-0.047		-0.173		-0.115		-0.111
		(-0.85)		(-0.96)		(-0.77)		(-1.45)

续表

VARIABLES	Dep.Var.= CAR [-2, 2]							
	行业相同		行业不同		审计师相同		审计师不同	
	(1)	(2)	(3)	(4)	(5)	(6)	(7)	(8)
UE×BETA		-0.494*		-1.035		-1.137**		-0.908**
		(-1.67)		(-1.16)		(-2.50)		(-2.25)
UE×Q4		0.009		0.139		0.551*		-0.078
		(0.06)		(0.28)		(1.98)		(-0.49)
UE×AGE		-0.862***		-0.111		-1.119		-0.319
		(-2.65)		(-0.19)		(-1.67)		(-1.04)
UE×GROWTH		-0.372		-0.140		-0.346		-0.083
		(-1.59)		(-0.81)		(-1.08)		(-0.77)
UE×NONPERSISTENCE		-0.192		0.077		-0.267**		-0.129
		(-1.31)		(0.42)		(-2.01)		(-0.60)
Constant	-0.087***	-0.126*	0.078***	0.430***	0.105***	0.147	-0.073***	0.044
	(-6.83)	(-1.81)	(3.38)	(4.10)	(9.56)	(1.36)	(-5.49)	(0.59)
Quarter-fixed effects	Yes	Yes	Yes	Yes	Yes	Yes	Yes	Yes
Industry-fixed effects	Yes	Yes	Yes	Yes	Yes	Yes	Yes	Yes
Observations	552	552	320	320	299	299	573	573
R-squared	0.124	0.159	0.171	0.258	0.214	0.261	0.124	0.147

注：（1）使用公司层面聚类稳健标准误；（2）所有连续变量进行1%和99%分位数的缩尾处理；（3）括号内为t值；（4）***、**、*分别表示在1%、5%和10%的水平上显著（双尾检验）。

综合以上两类特征的条件分析，得出如下结论：处于同一集团内的企业之间存在着声誉传染效应，且这一效应集中于具有相似特征的两家成员企业之间。

4.5.2 违规严重程度与传染效应

同样根据信号传递理论，不仅仅是相似程度，违规行为的严重程度也影响了违规信号的强度。集团内企业违规行为越严重，那么违规信号就越强，基于此产生的负面声誉传染效应会更加强烈。在这一部分，本章考察违规严重程度对会计信息声誉传染效应的影响。

对于违规行为的严重程度的划分，一般有两个标准：其一是根据违规类型区分违规行为的严重程度，具体来说，重大遗漏、虚假或严重误导性陈述、操纵股价和内部交易被定义为较严重的违规行为，否则为不严重的违规行为；其二是投资者的损失，如果投资者损失高于中位数，则违规行为是严重的，否则是不严重的。

首先，本章按照违规类型划分违规行为的严重程度。根据国泰安数据库对违规类型的分类，本章将重大遗漏、虚假或严重误导性陈述定义为较严重的信息披露违规行为（Chen等，2011）；其他定义为不严重的信息披露违规行为。将这两组样本分别进行回归，表4-6的前四列报告了这一部分的回归结果。在违规行为较严重的分组中，不论是简单模型（第（1）列）还是加入控制变量的完整模型（第（2）列），$UE \times QUARTER_1$上的系数均在5%的水平上显著为负，而在违规行为不严重的分组中（第（3）列和第（4）列），季度和未预期盈余交互项上的系数并不具有统计上的显著性。这样的结果证实了违规行为越严重，声誉的传染效应越明显。

其次，现有文献也通常会直接利用市场反应的高低来度量违规事件的严重程度。例如，Wilson（2008）利用财务重述宣告期间的市场反应来衡量重述事件的严重程度；针对我国资本市场的研究中，Chen等（2011）使用市场反应的高低来衡量违规行为的严重程度，并指出投资者损失是比违规类型更为客观地区分违规严重程度的标准。

鉴于此，本章根据投资者的损失（违规期间的市场反应）来划分违规行为的严重程度。其中，市场反应采用违规公告前后［-2，+2］时间窗口内的累积超额收益来衡量，具体来说，如果违规企业的市场反应低于中位数，则这一企业的违规行为是严重的，其所对应的集团内非违规成员企业划入违规行为严重的组，否则划入违规行为不严重的组。

表4-6　**违规严重程度与传染效应**

VARIABLES	Dep.Var.= CAR [-2, 2]							
	按违规类型分组				按市场反应分组			
	严重违规		不严重违规		严重违规		不严重违规	
	(1)	(2)	(3)	(4)	(5)	(6)	(7)	(8)
UE	0.538***	4.311	0.176	7.643***	0.295**	1.961	0.416**	11.532***
	(3.75)	(1.31)	(0.91)	(2.85)	(2.13)	(0.88)	(2.25)	(3.73)
$QUARTER_1$	-0.005	-0.005	-0.015	-0.014	-0.014	-0.012	-0.018*	-0.019*
	(-0.51)	(-0.51)	(-1.66)	(-1.58)	(-1.54)	(-1.27)	(-1.73)	(-1.71)
$QUARTER_2$	0.001	0.000	-0.008	-0.006	-0.010	-0.007	-0.009	-0.006
	(0.07)	(0.02)	(-0.92)	(-0.62)	(-1.05)	(-0.78)	(-0.67)	(-0.43)
$QUARTER_3$	-0.006	-0.005	-0.003	-0.004	-0.011	-0.010	0.001	0.002
	(-0.56)	(-0.43)	(-0.26)	(-0.41)	(-1.17)	(-1.01)	(0.05)	(0.16)
$QUARTER_4$	-0.005	-0.003	-0.022**	-0.023**	-0.014	-0.011	-0.009	-0.009
	(-0.55)	(-0.30)	(-2.03)	(-2.12)	(-1.38)	(-1.09)	(-0.62)	(-0.59)
$UE \times QUARTER_1$	-0.595**	-0.684**	-0.210	-0.503	-0.373*	-0.666**	-0.475	-0.540
	(-2.26)	(-2.41)	(-0.78)	(-1.64)	(-1.90)	(-2.59)	(-1.38)	(-1.42)
$UE \times QUARTER_2$	-0.368	-0.365	-0.158	-0.463	-0.340	-0.543**	-0.221	-0.213
	(-1.62)	(-1.38)	(-0.56)	(-1.26)	(-1.39)	(-2.00)	(-0.82)	(-0.57)
$UE \times QUARTER_3$	-0.358	-0.305	-0.302	-0.522	-0.014	-0.258	-0.379	-0.184
	(-1.28)	(-1.24)	(-0.84)	(-1.29)	(-0.05)	(-0.87)	(-1.35)	(-0.59)
$UE \times QUARTER_4$	-0.316*	-0.306	-0.210	-0.316	-0.228	-0.344	-0.028	-0.094
	(-1.67)	(-1.27)	(-0.51)	(-0.74)	(-0.81)	(-1.13)	(-0.09)	(-0.26)
MTB		-0.010**		-0.001		-0.007**		-0.002
		(-2.45)		(-0.39)		(-2.48)		(-0.60)
LOSS		-0.015*		-0.009		-0.009		-0.008
		(-1.90)		(-0.84)		(-0.79)		(-0.85)
SIZE		-0.003		-0.003		-0.002		-0.005
		(-0.96)		(-0.88)		(-0.86)		(-1.24)

续表

VARIABLES	Dep.Var.= CAR [-2, 2]							
	按违规类型分组				按市场反应分组			
	严重违规		不严重违规		严重违规		不严重违规	
	(1)	(2)	(3)	(4)	(5)	(6)	(7)	(8)
BETA		-0.013		-0.020		-0.015		-0.024
		(-0.99)		(-1.27)		(-1.14)		(-1.40)
Q4		0.056**		-0.000		-0.052*		0.118**
		(2.02)		(-0.00)		(-1.80)		(2.10)
AGE		0.008		-0.021*		-0.011		-0.009
		(0.73)		(-1.96)		(-1.03)		(-0.66)
GROWTH		0.011*		-0.002		-0.002		0.010**
		(1.67)		(-0.41)		(-0.26)		(2.24)
NONPERSISTENCE		-0.003		-0.007**		-0.009***		-0.005
		(-0.81)		(-2.03)		(-2.99)		(-0.99)
UE×MTB		-0.225		-0.086		0.060		-0.526**
		(-1.22)		(-0.63)		(0.46)		(-2.21)
UE×LOSS		0.041		-0.107		-0.011		-0.399
		(0.17)		(-0.37)		(-0.04)		(-1.47)
UE×SIZE		-0.078		-0.087		0.072		-0.327***
		(-0.80)		(-1.01)		(1.09)		(-3.68)
UE×BETA		-0.193		-1.387***		-0.623		-1.470***
		(-0.56)		(-3.29)		(-1.63)		(-3.41)
UE×Q4		-0.034		0.337		0.212		-0.218
		(-0.15)		(1.48)		(1.17)		(-1.02)
UE×AGE		-0.526		-1.404***		-0.964**		-0.439
		(-1.40)		(-2.78)		(-2.43)		(-0.88)
UE×GROWTH		-0.116		-0.134		-0.416*		-0.234**
		(-0.94)		(-0.84)		(-1.67)		(-2.12)

续表

VARIABLES	Dep.Var.= CAR [-2, 2]							
	按违规类型分组				按市场反应分组			
	严重违规		不严重违规		严重违规		不严重违规	
	(1)	(2)	(3)	(4)	(5)	(6)	(7)	(8)
UE×NONPERSISTENCE		-0.262		-0.110		-0.151		-0.293
		(-1.60)		(-0.87)		(-1.37)		(-1.24)
Constant	-0.030	0.058	0.020	0.168**	0.110***	0.245***	-0.080***	0.085
	(-1.06)	(0.65)	(1.55)	(2.03)	(4.19)	(3.77)	(-8.83)	(0.78)
Quarter-fixed effects	Yes	Yes	Yes	Yes	Yes	Yes	Yes	Yes
Industry-fixed effects	Yes	Yes	Yes	Yes	Yes	Yes	Yes	Yes
Observations	431	431	441	441	410	410	398	398
R-squared	0.149	0.198	0.117	0.164	0.139	0.190	0.155	0.209

注：(1) 使用公司层面聚类稳健标准误；(2) 所有连续变量进行1%和99%分位数的缩尾处理；(3) 括号内为t值；(4) ***、*、*分别表示在1%、5%和10%的水平上显著（双尾检验）。

表4-6的后四列报告了这部分的回归结果，在违规行为严重的子样本中，简单模型（第（5）列）中UE×$QUARTER_1$上的系数在10%的水平上显著为负，加入控制变量的完整模型（第（6）列）中UE×$QUARTER_1$和UE×$QUARTER_2$上的系数分别在5%的水平上显著为负；而在违规行为不严重的子样本中（第（7）列和第（8）列），季度与未预期盈余的交互项上的系数均不存在统计上的显著性，这样的结果也证实了违规行为越严重，会计信息声誉的传染效应越明显。

4.6 稳健性检验

4.6.1 对企业集团聚类

不同的企业集团之间存在很大的差异，但同一企业集团内的成员企业之间具有诸多相似之处。因此可能存在这样一种情况，企业集团之间面临的随机干扰项不相关，但同一企业集团内的成员企业之间面临的干扰项存在相关性，或者说，同一企业集团内的成员企业受到了一些共同因素的干扰。考虑到这一问题，本章将处于相同企业集团的非违规成员企业划分为一类，对企业集团进行聚类分析，回归结果报告在表4-7中。

表4-7的第（1）列和第（2）列检验了非违规企业的不确定性程度对传染效应的影响。在不确定性程度较高的分组（Dispersion=1）中，$UE\times QUARTER_1$、$UE\times QUARTER_2$、$UE\times QUARTER_3$和$UE\times QUARTER_4$上的系数均显著为负，说明非违规企业盈余反应系数的降低至少持续了四个季度；在不确定性较低的分组（Dispersion=0）中，季度与未预期盈余交互项上的系数均不显著。上述分析说明非违规企业的盈余信息不确定性程度越大，盈余反应系数降低的持续时间越长，传染效应越强，支持了本章假设4-1的预期。

表4-7　　　　对企业集团进行聚类

VARIABLES	假设4-1		相似程度与传染效应		严重程度与传染效应	
	Dispersion=1	Dispersion=0	相似程度高	相似程度低	严重违规	不严重违规
	(1)	(2)	(3)	(4)	(5)	(6)
UE	5.500	3.026	7.658	4.906**	1.961	11.532***
	(1.21)	(0.67)	(1.50)	(2.35)	(0.89)	(3.42)
$QUARTER_1$	-0.015	-0.038***	-0.019	-0.007	-0.012	-0.019**
	(-1.17)	(-4.38)	(-1.57)	(-0.91)	(-1.36)	(-2.04)
$QUARTER_2$	-0.011	-0.012	-0.018	0.004	-0.007	-0.006
	(-1.33)	(-0.96)	(-1.45)	(0.55)	(-0.84)	(-0.60)
$QUARTER_3$	-0.003	-0.026**	-0.013	-0.000	-0.010	0.002
	(-0.22)	(-2.06)	(-1.09)	(-0.06)	(-1.06)	(0.18)
$QUARTER_4$	-0.005	-0.037**	-0.018	-0.007	-0.011	-0.009
	(-0.55)	(-2.33)	(-1.30)	(-0.77)	(-1.10)	(-0.55)
$UE\times QUARTER_1$	-0.891**	-0.380	-1.476***	-0.106	-0.666**	-0.540
	(-2.57)	(-0.57)	(-4.65)	(-0.45)	(-2.24)	(-1.09)

续表

VARIABLES	假设4-1		相似程度与传染效应		严重程度与传染效应	
	Dispersion=1	Dispersion=0	相似程度高	相似程度低	严重违规	不严重违规
	(1)	(2)	(3)	(4)	(5)	(6)
$UE\times QUARTER_2$	-0.707**	-0.343	-1.109***	-0.069	-0.543**	-0.213
	(-2.47)	(-0.45)	(-3.67)	(-0.34)	(-2.06)	(-0.50)
$UE\times QUARTER_3$	-0.649*	-0.021	-0.715**	-0.470**	-0.258	-0.184
	(-1.95)	(-0.03)	(-2.21)	(-2.33)	(-0.96)	(-0.58)
$UE\times QUARTER_4$	-0.770**	0.132	-0.029	-0.209	-0.344	-0.094
	(-2.64)	(0.16)	(-0.09)	(-0.83)	(-1.11)	(-0.37)
MTB	-0.015**	-0.016***	-0.004	-0.005*	-0.007**	-0.002
	(-2.58)	(-3.40)	(-0.60)	(-1.80)	(-2.31)	(-0.59)
LOSS	-0.019	-0.019	-0.016	-0.008	-0.009	-0.008
	(-1.09)	(-1.13)	(-1.25)	(-1.09)	(-0.82)	(-0.92)
SIZE	-0.007	-0.011**	0.001	-0.004*	-0.002	-0.005
	(-1.45)	(-2.68)	(0.25)	(-1.87)	(-0.94)	(-1.22)
BETA	-0.044**	-0.006	-0.006	-0.013	-0.015	-0.024
	(-2.37)	(-0.46)	(-0.29)	(-0.95)	(-1.03)	(-1.30)
Q4	0.066	-0.072	-0.053	0.097***	-0.052**	0.118***
	(1.41)	(-1.20)	(-1.09)	(3.46)	(-2.20)	(5.21)
AGE	-0.020	-0.010	-0.018	0.003	-0.011	-0.009
	(-1.03)	(-0.67)	(-1.32)	(0.22)	(-0.94)	(-0.62)
GROWTH	0.004	0.007	-0.001	0.005	-0.002	0.010**
	(0.49)	(0.59)	(-0.10)	(0.96)	(-0.25)	(2.14)
NONPERSISTENCE	0.003	-0.015***	-0.010**	-0.004	-0.009***	-0.005
	(0.64)	(-5.00)	(-2.55)	(-1.23)	(-3.57)	(-1.20)

续表

VARIABLES	假设4-1		相似程度与传染效应		严重程度与传染效应	
	Dispersion=1	Dispersion=0	相似程度高	相似程度低	严重违规	不严重违规
	(1)	(2)	(3)	(4)	(5)	(6)
UE×MTB	-0.299	0.064	-0.015	-0.175*	0.060	-0.526*
	(-1.02)	(0.19)	(-0.04)	(-1.68)	(0.43)	(-1.99)
UE×LOSS	-0.350	-0.795	-0.203	0.077	-0.011	-0.399
	(-0.81)	(-1.45)	(-0.58)	(0.34)	(-0.03)	(-1.55)
UE×SIZE	-0.064	0.004	-0.115	-0.111	0.072	-0.327***
	(-0.51)	(0.03)	(-0.76)	(-1.47)	(1.05)	(-3.46)
UE×BETA	-0.761	-0.351	-1.137**	-0.908**	-0.623	-1.470***
	(-1.27)	(-0.39)	(-2.46)	(-2.01)	(-1.26)	(-2.93)
UE×Q4	-0.073	0.365	0.551**	-0.078	0.212	-0.218
	(-0.30)	(1.06)	(2.18)	(-0.56)	(0.99)	(-0.90)
UE×AGE	-0.750**	-0.754	-1.119	-0.319	-0.964**	-0.439
	(-2.04)	(-1.33)	(-1.41)	(-1.19)	(-2.32)	(-1.19)
UE×GROWTH	0.033	-0.440	-0.346	-0.083	-0.416	-0.234**
	(0.20)	(-0.83)	(-1.40)	(-0.77)	(-1.66)	(-2.35)
UE×NONPERSISTENCE	-0.240**	-0.586**	-0.267**	-0.129	-0.151	-0.293
	(-2.02)	(-2.44)	(-2.06)	(-0.70)	(-1.52)	(-1.30)
Constant	0.248*	0.340**	0.147	0.044	0.245***	0.085
	(1.84)	(2.38)	(1.33)	(0.64)	(4.01)	(0.75)
Quarter-fixed effects	Yes	Yes	Yes	Yes	Yes	Yes
Industry-fixed effects	Yes	Yes	Yes	Yes	Yes	Yes
Observations	310	283	299	573	410	398
R-squared	0.300	0.284	0.261	0.147	0.190	0.209

注：(1) 使用集团层面聚类稳健标准误；(2) 所有连续变量进行1%和99%分位数的缩尾处理；(3) 括号内为t值；(4) ***、**、*分别表示在1%、5%和10%的水平上显著（双尾检验）。

表4-7的第（3）列和第（4）列报告了对相似程度的检验，为使结果更简洁，这里仅使用是否聘用相同的审计师作为相似程度的代理变量。当非违规企业与违规企业聘用相同的审计师（第（3）列）时，$UE \times QUARTER_1$、$UE \times QUARTER_2$和$UE \times QUARTER_3$上的系数均显著为负；当非违规企业与违规企业聘用不同的审计师（第（4）列）时，虽然事后四个季度与未预期盈余交互项上的系数均为负值，但仅有$UE \times QUARTER_3$上的系数具有统计上的显著性，说明违规行为越严重，盈余反应系数降低得越严重，声誉的传染效应越强，与前述预期相符。

表4-7的第（5）列和第（6）列检验的是违规行为的严重程度对会计信息声誉传染效应的影响。同样为保证结果的简洁性，这里仅使用违规企业的市场反应来划分违规行为的严重程度，因为Chen等（2011）指出市场反应是比违规类型更为客观区分违规严重程度的标准。如果违规企业在［-2，+2］期间的市场反应低于中位数，则这一企业的违规行为是严重的，其所对应的企业集团内非违规成员企业划入违规行为严重的组，否则划入违规行为不严重的组。在违规行为较严重的分组（第（5）列）中，$UE \times QUARTER_1$和$UE \times QUARTER_2$上的系数均显著为负，而在违规行为不严重的分组中，虽然各季度虚拟变量与未预期盈余交互项的系数都为负，但均不具有统计上的显著性。这一结果与前述4.5.2节中的结论一致。

4.6.2 用基本每股收益计算未预期盈余

前述的分析中对未预期盈余的计算使用的是稀释每股收益，为保证结果的稳健性，在这一部分，本章使用基本每股收益来计算未预期盈余，对本章的假设进行验证。为使回归结果更加简洁，本章仅报告了加入控制变量的完整模型的回归结果，并列示在表4-8中。

表4-8的第（1）列和第（2）列考察的是非违规企业的不确定性程度对传染效应的影响。当非违规企业未来盈余的不确定性较高（Dispersion=1）时，与违规公告前相比，违规公告后的盈余反应系数发生显著降低，且持续了至少四个季度；当不确定性较低（Dispersion=0）时，非违规企业的盈余反应系数并没有发生显著的降低。这一结果说明非违规企业的不

确定性程度影响了企业集团内声誉传染效应的强度，不确定程度越高，盈余反应系数降低的持续时间越长，支持了假设4-1的预期。

表4-8 **使用基本每股收益计算未预期盈余**

VARIABLES	假设4-1		相似程度与传染效应		严重程度与传染效应	
	Dispersion=1	Dispersion=0	相似程度高	相似程度低	严重违规	不严重违规
	(1)	(2)	(3)	(4)	(5)	(6)
UE	5.240	3.077	7.042	4.936**	1.647	12.774***
	(1.21)	(0.67)	(1.47)	(1.99)	(0.68)	(3.97)
$QUARTER_1$	-0.018	-0.038***	-0.020	-0.007	-0.013	-0.018
	(-1.63)	(-3.15)	(-1.55)	(-0.88)	(-1.37)	(-1.59)
$QUARTER_2$	-0.012	-0.012	-0.018	0.004	-0.007	-0.006
	(-1.08)	(-0.82)	(-1.36)	(0.43)	(-0.77)	(-0.47)
$QUARTER_3$	-0.003	-0.026*	-0.014	-0.000	-0.009	0.002
	(-0.27)	(-1.81)	(-0.94)	(-0.00)	(-0.99)	(0.18)
$QUARTER_4$	-0.006	-0.037**	-0.019	-0.008	-0.011	-0.008
	(-0.45)	(-2.30)	(-1.25)	(-0.81)	(-1.06)	(-0.57)
$UE \times QUARTER_1$	-0.956**	-0.380	-1.477***	-0.101	-0.663**	-0.535
	(-2.53)	(-0.74)	(-3.88)	(-0.44)	(-2.52)	(-1.41)
$UE \times QUARTER_2$	-0.597*	-0.342	-1.112***	-0.093	-0.456*	-0.313
	(-1.89)	(-0.52)	(-2.90)	(-0.38)	(-1.81)	(-0.80)
$UE \times QUARTER_3$	-0.547	-0.034	-0.718*	-0.512*	-0.189	-0.322
	(-1.55)	(-0.05)	(-1.82)	(-1.89)	(-0.64)	(-0.97)
$UE \times QUARTER_4$	-0.700*	0.125	-0.026	-0.316	-0.319	-0.112
	(-1.98)	(0.18)	(-0.06)	(-1.17)	(-1.00)	(-0.31)
MTB	-0.015**	-0.016***	-0.004	-0.005*	-0.007***	-0.002
	(-2.45)	(-3.32)	(-0.59)	(-1.72)	(-2.67)	(-0.50)
LOSS	-0.018	-0.019	-0.016	-0.006	-0.009	-0.007
	(-1.04)	(-1.19)	(-1.19)	(-0.82)	(-0.75)	(-0.69)

续表

VARIABLES	假设 4-1		相似程度与传染效应		严重程度与传染效应	
	Dispersion=1	Dispersion=0	相似程度高	相似程度低	严重违规	不严重违规
	(1)	(2)	(3)	(4)	(5)	(6)
SIZE	-0.008 (-1.57)	-0.011*** (-2.91)	0.001 (0.25)	-0.004 (-1.61)	-0.003 (-1.08)	-0.004 (-1.03)
BETA	-0.042** (-2.42)	-0.006 (-0.38)	-0.005 (-0.23)	-0.014 (-1.03)	-0.014 (-1.09)	-0.023 (-1.35)
Q4	0.088* (1.68)	-0.072 (-1.22)	-0.051 (-1.04)	0.094*** (4.35)	-0.051* (-1.78)	0.119** (2.17)
AGE	-0.020 (-1.04)	-0.010 (-0.78)	-0.017 (-1.46)	0.002 (0.14)	-0.010 (-1.01)	-0.010 (-0.69)
GROWTH	0.002 (0.24)	0.007 (0.60)	-0.001 (-0.11)	0.003 (0.77)	-0.002 (-0.30)	0.008** (1.99)
NONPERSISTENCE	0.003 (0.80)	-0.015*** (-4.38)	-0.010** (-2.56)	-0.003 (-1.01)	-0.009*** (-2.97)	-0.004 (-0.87)
UE×MTB	-0.350 (-1.09)	0.065 (0.18)	-0.009 (-0.02)	-0.168 (-1.44)	0.055 (0.42)	-0.538** (-2.34)
UE×LOSS	-0.312 (-0.86)	-0.776 (-1.40)	-0.181 (-0.48)	0.179 (0.71)	0.005 (0.02)	-0.264 (-0.92)
UE×SIZE	-0.056 (-0.50)	0.001 (0.01)	-0.099 (-0.67)	-0.097 (-1.12)	0.078 (1.10)	-0.351*** (-3.72)
UE×BETA	-0.702 (-1.43)	-0.328 (-0.37)	-1.100** (-2.42)	-1.155** (-2.47)	-0.651 (-1.62)	-1.684*** (-3.60)
UE×Q4	-0.189 (-0.78)	0.362 (1.01)	0.553* (1.94)	-0.089 (-0.55)	0.144 (0.83)	-0.131 (-0.59)
UE×AGE	-0.708 (-1.34)	-0.759 (-1.31)	-1.050 (-1.53)	-0.361 (-1.12)	-0.884** (-2.15)	-0.623 (-1.23)

续表

VARIABLES	假设4-1		相似程度与传染效应		严重程度与传染效应	
	Dispersion=1	Dispersion=0	相似程度高	相似程度低	严重违规	不严重违规
	(1)	(2)	(3)	(4)	(5)	(6)
UE×GROWTH	0.050	-0.432	-0.336	0.014	-0.408*	-0.108
	(0.28)	(-0.87)	(-1.04)	(0.11)	(-1.78)	(-0.97)
UE×NONPERSISTENCE	-0.220	-0.588**	-0.259*	-0.034	-0.151	-0.182
	(-1.51)	(-2.23)	(-1.93)	(-0.15)	(-1.40)	(-0.72)
Constant	0.248*	0.341***	0.143	0.041	0.254***	0.065
	(1.83)	(2.70)	(1.32)	(0.57)	(4.00)	(0.60)
Quarter-fixed effects	Yes	Yes	Yes	Yes	Yes	Yes
Industry-fixed effects	Yes	Yes	Yes	Yes	Yes	Yes
Observations	310	283	299	573	410	398
R-squared	0.302	0.283	0.259	0.152	0.190	0.207

注：（1）使用公司层面聚类稳健标准误；（2）括号内为t值；（3）所有连续变量进行1%和99%分位数的缩尾处理；（4）***、**、*分别表示在1%、5%和10%的水平上显著（双尾检验）。

表4-8的第（3）列和第（4）列检验了企业聘用同一审计师对传染效应的影响。在聘用相同审计师的分组（第（3）列）中，UE×$QUARTER_1$、UE×$QUARTER_2$和UE×$QUARTER_3$上的系数均显著为负，而在聘用不同审计师的分组（第（4）列）中，虽然季度与未预期盈余的交互项的系数为负，但只有UE×$QUARTER_3$上的系数在10%的水平上显著。因此，与聘用不同审计师的情形相比，聘用相同审计师的非违规企业经历了更严重的盈余反应系数的降低，这一结论与4.5.1节中的预期相符。

表4-8的第（5）列和第（6）列检验的是违规行为的严重程度对会计信息声誉传染效应的影响，其中违规严重程度是根据市场反应进行划分的，如果违规企业在［-2，+2］期间的市场反应低于中位数，则这一企业的违规行为是严重的，其所对应的企业集团内非违规成员企业划

入违规行为严重的组，否则划入违规行为不严重的组。在违规行为较严重的分组（第（5）列）中，$UE \times QUARTER_1$、$UE \times QUARTER_2$上的系数均显著为负，而在违规行为不严重的分组（第（6）列）中，虽然各季度虚拟变量与未预期盈余的交互项的系数都为负，但并不具有统计上的显著性，与前述4.5.2节中的结论一致。

4.7 本章小结

本书研究的逻辑框架是“会计信息的声誉传染效应是否存在→作用机制→应对措施→经济后果”。本章考察的是本书逻辑框架中的第二个问题，即会计信息声誉传染效应的作用机制。

信息不确定性通常被定义为企业价值的模糊性（Jiang等，2005），反映了企业未来收益或现金流的不确定性。对企业盈余进行预测时，由于信息不确定性的存在，投资者需要使用其他公开的信息来修正对未来盈余的预测，而且当企业未来盈余的不确定性更大时，投资者将更加依赖关联企业已公开的信息（Yeung，2009）。因此，本书预期信息不确定性的存在导致了投资者需要使用企业集团内成员企业已公开的信息来对非违规企业的会计信息进行判断，进而导致了会计信息声誉传染效应的产生，且当非违规企业的信息不确定性越大时，会计信息的声誉传染效应就越强。

基于手工收集的中国企业集团的数据，本章利用证券市场上的信息披露违规处罚事件，使用分析师预测分散度来衡量非违规企业的信息不确定性（Imhoff和Lobo，1992；Barron等，1998；Barron和Stuerke，1998；Diether等，2002；Zhang，2006），考察了信息不确定性对会计信息声誉传染效应的影响。

本章研究发现，非违规企业的分析师预测分散度越大，企业集团内成员企业的违规处罚将导致非违规成员企业的盈余反应系数更大程度的降低，且持续了至少四个季度；当非违规企业的分析师预测分散度较小时，投资者更少使用企业集团内违规处罚的信息来对非违规成员企业的会计信息进行评价或判断，表现为违规事件并不会导致非违规企业盈余反应系数发生显著的降低。进一步研究发现，违规严重程度、非违规企业与违规企业的相似程度均影响了会计信息声誉传染效应的强度。具体来说，违规行为越严重，那么与违规前相比，违规后非违规企业的盈余反应系数降低得越严重；使用是否聘用同一审计师和是否处于同一行业作为相似程度的代理变量，研究发现当非违规企业与违规企业聘用相同审计师或处于相同行业时，会计信息的声誉传染效应越明显。

本章的分析具有重要的理论价值和现实意义。在理论层面，本书第3章的分析证实了会计信息声誉传染效应的存在，在此基础之上，本章进一步考察了会计信息声誉传染效应的作用路径，发现信息不确定性的存在导致投资者会使用企业集团内违规的信息来对非违规成员企业进行判断，进而产生了会计信息的声誉传染效应。本章对作用路径的探讨使得关于会计信息声誉传染效应的研究更加丰富，也使得资本市场对会计信息声誉传染效应的认识更加深刻。在现实意义上，本章的研究结论指明了资本市场风险监督的重点，为维护资本市场的稳定运行提供建议。通过前面的分析我们知道，会计信息的声誉传染效应将企业集团内负面事件的风险外溢程度，严重损害了投资者的信心，在一定程度上将加剧资本市场的动荡。本章的分析可以帮助监管部门明确资本市场监管的重点，即重点关注信息不确定程度较高的非违规企业、发生严重违规行为的企业集团，以及相似程度较高的企业集团内成员企业。

第5章　会计信息声誉传染效应与审计师变更

5.1　引言

本书第3章的研究发现，一家企业的信息披露违规将损害同一企业集团内其他成员企业会计信息的声誉。当非违规成员企业意识到这一传染效应的存在时，会采取有针对性的、可视化的补救措施来挽回投资者对本企业会计信息质量的信心，缓解传染效应的负面影响。本书的行文思路是按照“会计信息的声誉传染效应是否存在→作用机制→应对措施→经济后果”这一逻辑框架层层展开，本章将要考察的是上述逻辑框架中的第三个问题，即会计信息声誉传染效应的应对措施。

本章的主要内容分为两个方面：一方面，审计师作为专业的信息中介，在一定程度上保证了企业会计信息的质量。在企业发生信息披露违规后，审计师通常被认为应该承担部分责任（Feroz等，1991；Rollins和Bremser，1997），企业也往往以更换审计师的措施来弥补所犯的过错（Agrawal和Cooper，2008；杨玉龙等，2014）。因此，本章预期一家企业发生信息披露违规后，同一企业集团内的非违规成员企业更可能更换审计师，又由于负面声誉传染效应的影响，非违规企业的审计师将面临更大的审计风险，因此预期违规事件发生后，非违规企业被出具非标审计意见的可能性更大。

基于手工整理的上市公司隶属于企业集团的信息，本章以存在信息披露违规行为的企业集团内的非违规成员企业作为研究样本，并为每一个非违规企业匹配一个在相同年度处于同一行业，且年初总资产规模最接近的上市公司为对照组，该对照组的公司需隶属于某一企业集团，但该企业集团在样本期间从未受到过违规处罚。对非违规企业及其对照组进行回归，研究发现，与对照组相比，违规事件发生后，非违规企业更倾向于更换审计师，而且非违规企业更可能被审计师出具非标审计意见。进行稳健性检验后，结论依然成立。

另一方面，根据信号传递理论，企业更换审计师的行为向投资者传递了其努力提升会计信息质量的信号，因此可以在一定程度上重塑投资者对企业会计信息质量的信心，有助于挽回受损的声誉（Chen等，2014）。因此，本章预期在企业集团内的一家企业宣布信息披露违规处罚公告后，如果非违规企业更换了审计师，将会使得投资者看到非违规企业为提升本企业会计信息质量而作出的努力，进而使得投资者对本企业的会计信息质量重拾信心，削弱违规公告的负面传染效应。

本章研究发现，在违规公告年度采取更换审计师措施的非违规成员企业，其盈余反应系数并不会因企业集团内的违规事件而发生显著的降低，而未采取更换审计师措施的非违规企业则经历了盈余反应系数的显著降低，实证结果说明，更换审计师的措施缓解了违规事件所引起的负面声誉传染效应。进一步分析发现，更换CFO的措施也可以缓解非违规企业盈余反应系数的降低，降低违规事件对非违规成员企业会计信息声誉的负面影响。

本章的研究结论具有重要的理论意义和实践价值。在理论层面，首先，本章对会计信息声誉传染效应的应对措施——更换审计师进行了探讨，丰富了会计信息声誉传染效应的相关研究。本书第3章证实了会计信息声誉传染效应的存在，当非违规企业意识到这一传染效应的存在时，必然会采取措施避免损失，因此哪些措施可以有效缓解负面传染效应、重塑投资者的信任是亟待解决的现实问题。本章的研究就对这一问题提供了解答。

其次，以往研究指出，发生信息披露违规的企业更倾向于更换审计师，而且违规企业可以通过更换审计师的措施来挽回投资者的信任。本章对更换审计师的主体进行了拓展，研究发现，并未发生信息披露违规、但受到违规事件连带影响的企业更换审计师的概率会增大，而且可以通过更换审计师的措施来重塑投资者对本企业会计信息质量的信心，拓展了审计师变更领域的研究文献。

最后，丰富了审计意见影响因素的研究视角。本章研究发现，并未发生违规、但受到违规事件影响的企业集团内非违成员规企业也更有可能被出具非标审计意见，说明影响审计风险的因素不仅来自企业内部或外部环境，还可能来自所隶属的企业集团，拓展了对审计意见影响因素的研究。

在实践层面，本章的研究结论为企业如何规避企业集团结构的风险传染效应提供了建议。当企业集团内的一家企业发生违规事件后，为了缓解违规事件在企业集团内部的风险扩散效应，其他成员企业可以采取更换审计师或更换对此负有责任的CFO的措施来向投资者承认过错，避免潜在的声誉损失。

本章的后续内容安排如下：5.2节为声誉传染效应与审计师变更，检验了企业集团内的信息披露违规是否增加了非违规成员企业更换审计师的概率和被出具非标审计意见的概率，包括研究假设、研究设计、实证结果分析和稳健性检验等部分；5.3节为变更审计师与挽回声誉，检验了更换审计师是否可以帮助非违规企业挽回受损的声誉，包括研究假设、研究设计、实证结果分析、进一步分析和稳健性检验；5.4节是本章小结。

5.2 传染效应与审计师变更

5.2.1 研究假设

在企业发生信息披露违规后，通常所采取的挽回措施是承认过失并采取有针对性的、可视化的行动来弥补所犯的过错（Perrow，1981），使企业从信息披露违规造成的组织合法性受损的事件中脱离出来（谢盛纹和陈娇，2014）。

审计师作为专业的信息中介，在一定程度上保证了企业的会计信息质量。在企业发生信息披露违规后，审计师通常被认为应该承担相应的责任。在日本化妆品公司Kanebo的财务欺诈案件中，其审计公司Chuo Aoyama（普华永道在日本的子公司，也是日本最大的审计公司之一）受到了暂停经营两个月的处罚，而且事件发生后的一个季度左右，该审计公司又失去了大约四分之一的客户（Skinner和Srinivasan，2012）。Feroz等（1991）指出美国证监会（SEC）披露上市公司的违规行为后，超过72%的违规企业的高管被解雇或被迫辞职，81%的高管被股东起诉。更重要的是，SEC还谴责了42%的违规企业的审计师，而且小规模会计师事务所的审计师更有可能受到批评和处罚。Rollins和Bremser（1997）的研究发现，因会计信息造假和披露违规而被SEC处罚的上市公司中，有近三分之一的审计师也受到了SEC的处罚。

鉴于审计师在违规事件中通常负有一定责任，因此当违规行为的发生使得企业的组织合法性受到质疑时，企业往往通过更换审计师来弥补过错。现有研究也得到了相似的结论。Agrawal和Cooper（2008）以1997—2002年期间进行向下盈余重述的518家美国上市公司为样本，并按照行业相同、年初总资产规模最接近的原则为每一个重述企业匹配一个在样本期间从未发生财务重述的上市公司为对照组，将两组样本进行对比，研究发现，与对照组相比，发生财务重述的企业更倾向于变更审计师。杨玉龙等（2014）以2003—2011年的民营上市公司为样本，研究发现受到证券监管部门的违规处罚后，企业更易变更审计师，而且政治关联可以降低审计师变更的概率。

本书第3章的研究指出，当企业集团内的一家上市公司受到违规处罚后，投资者也会质疑非违规成员企业的会计信息。因此，非违规企业可以采取变更审计师的措施，向资本市场传达其努力提升会计信息质量的信号，避免受到负面传染效应的影响。鉴于此，本章预期当企业集团内的一家上市公司发生信息披露违规后，非违规成员企业更倾向于变更审计师，以期缓解负面声誉传染效应对本企业的影响，据此提出假设5-1。

假设5-1：企业集团内的一家上市公司因信息披露违规受到监管部门的处罚后，同一企业集团内的非违规成员企业变更审计师的概率增加。

风险水平是审计师在为客户提供审计服务时需要考虑的重要因素。当审计风险较高时，审计师一方面可能会终止审计业务来控制其所面临的风险，另一方面在不终止审计业务时会出具更加谨慎的审计意见。方军雄等（2004）研究指出，审计风险影响着审计师出具的审计意见，当上市公司发生亏损、被起诉或资产负债率较高时，审计师更有可能出具非标审计意见。朱春艳和伍利娜（2009）研究发现，当上市公司受到违规处罚后，审计风险提高，审计师为了最大程度降低审计失败的可能，以及确保发生审计失败时承担最少的责任，会对被处罚的上市公司出具更加严格的审计报告，具体表现为出具非标审计意见的概率更高。冯延超和梁莱歆（2010）的研究发现，对于法律风险越高的上市公司，审计师更倾向于出具非标审计意见。

当企业集团内的一家上市公司发生信息披露违规后，非违规成员企业的审计风险将增加。已有研究发现，上市公司违规倾向与董事背景（Agrawal和Chadha，2005）、薪酬体系（Burns和Kedia，2006；Johnson等，2009）、股权结构（梁杰等，2004；Chen等，2006；陆瑶等，2012）和董事会特征（蔡志岳和吴世农，2007）等因素有关，而同一企业集团内的上市公司在公司治理方面的决策受到同一最终控制人的影响，更有可能具有相似的导致违规倾向的特征。因此，当一家上市公司受到违规处罚后，相比于企业集团外部的企业，企业集团内部成员企业发生类似违规行为的可能性将相对更高，审计师面临的风险更高。鉴于此，本章预期为了控制审计风险以及降低审计失败的可能，审计师更可能对非违规成员企业出具非标审计意见，据此提出假设5-2。

假设5-2：企业集团内的一家上市公司因信息披露违规受到监管部门的处罚后，审计师更倾向于对同一企业集团内的非违规成员企业出具非标审计意见。

5.2.2 研究设计

（1）数据来源

本章基于手工整理的企业集团数据，选取2007—2014年全部A股上市公司为样本。我国于2007年实施了新的会计准则，以2007年为起点可以避免本章的分析受到会计准则变动的影响并保证会计指标定义的一致性。与前述第3章和第4章不同，本部分变量的计算并不需要使用滞后期数据，因此本部分样本选择的起点为2007年。以2014年为样本选择终点的原因是，2015年8月，中共中央、国务院印发了《关于深化国有企业改革的指导意见》，鼓励国有企业集团改革重组和股权多元化，国有企业集团边界的不稳定性和该集团内成员企业的不确定性会对本章的研究产生干扰作用。除手工整理的数据外，本章使用的其他数据均来源于国泰安（CSMAR）数据库。

在手工整理企业集团数据的过程中，对于国有企业集团，本书仅追溯至国务院国资委、地方国资委等政府部门所控制的一级单位。例如，2014年中国航天科工集团旗下A股上市公司包括航天信息（600217）、航天通信（600677）、航天晨光（600501）、航天长峰（600855）、航天科技（000901）和航天电器（002025）。虽然中国航天科工集团由国务院国资委100%控股，但国务院国资委并不直接参与其日常经营管理活动。因此，本书仅追溯至中国航天科工集团这一级单位，认为上述六家上市公司附属于同一企业集团。本书对企业集团的定义与伍利娜等（2012）、王春飞等（2013）和甄红线等（2015）的研究一致。

与本书前述章节的分析一致，本章仍以信息披露违规为切入点对声誉传染效应进行研究。针对信息披露违规的界定，伍利娜和高强（2002）认为上市公司信息披露违规是对信息的操纵和滥用，如披露虚假财务报表、传播虚假信息、更改交易记录等行为。借鉴这一观点，并根据国泰安数据库中对违规类型的分类[①]，本章所研究的信息披露违规包括虚构利润、虚列资产、虚假记载（误导性陈述）、重大遗漏、披露不实和一般会计处理不当。

本章以发生信息披露违规的企业集团内的非违规成员企业为样本，按照行业相同且年初总资产规模最接近的原则，为每一个非违规企业匹配一个隶属于某一企业集团、但该集团在样本期间从未发生违规的上市公司为对照组。剔除金融业的上市公司以及数据存在缺失的观测值后，最终得到928个企业年度观测值。

（2）实证模型

本章分析认为，企业集团内的一家企业发生信息披露违规后，非违规成员企业更倾向于更换审计师，而且审计师出具非标意见的概率更高。为验证这一预期，借鉴Agrawal和Cooper（2008）的研究，本章以企业集团内的非违规成员企业为样本，按照同行业、同年份、年初总资产规模最接近的原则为每一个非违规企业匹配一个隶属于某一企业集团、但该集团在样本期间从未发生违规的上市公司为对照组，并预期与对照组企业相比，非违规企业更换审计师的可能性更高，而且审计师出具非标意见的概率更高。具体来说，对于假设5-1，本章构建Logistic模型（5.1）进行检验：

$$\begin{aligned} Auditor\_Change_{i,t} = {} & \alpha_0 + \alpha_1 Fraud_{i,t} + \alpha_2 SIZE_{i,t} + \alpha_3 LEV_{i,t} + \alpha_4 ROA_{i,t} + \alpha_5 LARGEST_{i,t} \\ & + \alpha_6 LOSS_{i,t} + \alpha_7 ST_{i,t} + \alpha_8 FEE_{i,t} + \alpha_9 Opinion_{i,t} \end{aligned} \tag{5.1}$$

其中，Auditor_Change为是否更换审计师的虚拟变量，当企业集团内的一家企业因信息披露违规而受到处罚时，如果非违规成员企业在处罚公告的当年更换了审计师，那么Auditor_Change取1，否则Auditor_Change取0。Fraud为识别非违规企业和其对照组的指示变量，当观测值为企业集团内的非违规成员企业时，Fraud取1；当观测值为企业对照组时，Fraud取0。本章预期模型（5.1）中Fraud的系数应显著为正。

借鉴戴亦一等（2013）和刘斌等（2015）的研究，本章还控制了其他可能影响审计师变更的因素：SIZE为企业规模，用总资产的自然对

① 国泰安数据库中定义的违规类型包括：1.虚构利润；2.虚列资产；3.虚假记载（误导性陈述）；4.推迟披露；5.重大遗漏；6.披露不实；7.欺诈上市；8.出资违规；9.擅自改变资金用途；10.占用公司资产；11.内幕交易；12.违规买卖股票；13.操纵股价；14.违规担保；15.一般会计处理不当；16.其他。

数表示；LEV为资产负债率；ROA为盈利水平，用净利润除以总资产计算；LARGEST为第一大股东持股比例，用于衡量股权集中度（熊风华和黄俊，2016）；LOSS为是否亏损的虚拟变量，当净利润为负时，LOSS取1，否则LOSS取0；ST为是否受到特别处理的虚拟变量，当企业被特别处理时，ST取1，否则ST取0；FEE为审计费用的自然对数；Opinion为审计意见的虚拟变量，当审计师出具非标审计意见时，Opinion取1，当审计师出具标准无保留审计意见时，Opinion取0。

为验证假设5-2，本章构建Logistic模型（5.2）进行检验：

$$Opinion_{i,t} = \beta_0 + \beta_1 Fraud_{i,t} + \beta_2 SIZE_{i,t} + \beta_3 LEV_{i,t} + \beta_4 ROA_{i,t} + \beta_5 LARGEST_{i,t} + \beta_6 LOSS_{i,t} + \beta_7 ST_{i,t} + \beta_8 FEE_{i,t} + \beta_9 Complex_{i,t} \tag{5.2}$$

其中，Opinion为审计意见的虚拟变量，当审计师出具非标审计意见时，Opinion取1；当审计师出具标准无保留审计意见时，Opinion取0。除了模型（5.1）中的控制变量外，本章还控制了影响审计意见的变量有审计工作的复杂程度，记为变量Complex，用应收账款与存货占总资产的比例来衡量（朱春艳和伍利娜，2008）。根据假设5-2，本章预期模型（5.2）中变量Fraud上的系数应显著为正。其他变量的含义与前述一致，详见表5-1。

表5-1 **主要变量定义**

变量	变量定义
Auditor_Change	非违规企业是否更换审计师的虚拟变量，在违规公告年度更换审计师时，Auditor_Change取1，否则Auditor_Change取0
Opinion	审计意见，若审计意见为非标审计意见，则Opinion取1；若审计意见为标准无保留意见，则Opinion取0
Fraud	区分非违规企业和其对照组的虚拟变量，当观测值为非违规企业时，Fraud取1，否则Fraud取0
SIZE	企业规模，总资产的自然对数
LEV	资产负债率，总负债除以总资产
ROA	盈利水平，净利润除以总资产
LARGEST	第一大股东持股比例，衡量股权集中度
LOSS	是否亏损的虚拟变量，当净利润小于零时，LOSS取1，否则LOSS取0
ST	是否受到特别处理的虚拟变量，当企业被特别处理时，ST取1，否则ST取0
FEE	审计收费，审计费用取自然对数
Complex	审计工作的复杂程度，用应收账款与存货占总资产的比例来衡量
Industry	行业虚拟变量
Year	年度虚拟变量

5.2.3 实证结果分析

（1）描述性统计

表5-2列示了主要变量的描述性统计结果。其中，审计师变更Auditor_Change的中位数为0，均值为0.204，说明样本中有20.40%的观测值变更了审计师；审计意见Opinion的中位数为0，均值为0.031，说明样本中有3.10%的企业被审计师出具了非标审计意见。是否为非违规企业的虚拟变量Fraud的中位数和均值都为0.500，因为本章的样本是由非违规企业及其对照组1∶1构成的。

表5-2 描述性统计

变量	观测值	均值	中位数	标准差	最小值	最大值
Auditor_Change	928	0.204	0.000	0.403	0.000	1.000
Opinion	928	0.031	0.000	0.174	0.000	1.000
Fraud	928	0.500	0.500	0.500	0.000	1.000
SIZE	928	22.066	21.919	1.128	19.715	24.967
LEV	928	0.507	0.518	0.207	0.081	0.985
ROA	928	0.032	0.028	0.050	-0.180	0.161
LARGEST	928	0.374	0.365	0.144	0.103	0.737
LOSS	928	0.102	0.000	0.303	0.000	1.000
ST	928	0.064	0.000	0.244	0.000	1.000
FEE	928	13.447	13.354	0.624	12.255	15.517
Complex	928	0.267	0.237	0.167	0.008	0.759

注：所有连续变量都经过1%和99%分位数的缩尾处理。

关于控制变量，资产规模SIZE的均值为22.066，中位数为21.919；资产负债率LEV的均值为0.507，中位数为0.518；盈利能力ROA的均值为0.032，中位数为0.028；第一大股东持股比例LARGEST的均值为0.374，中位数为0.365；是否亏损的虚拟变量LOSS的均值为0.102，中位数为0，说明样本中有10.20%的企业发生了亏损；特别处理的虚拟变量ST的均值为0.064，中位数为0，说明样本中有6.40%的企业受到了特别处理；审计收费FEE的均值为13.447，中位数为13.354，标准差为0.624，最小值为12.255，最大值为15.517。审计工作的复杂程度Complex的均值为0.267，中位数为0.237，标准差为0.167，最小值为0.008，最大值为0.759。

（2）相关性分析

主要变量的相关性分析列示在表5-3中，其中上三角为Spearman相关系数，下三角为Pearson相关系数。审计师变更Auditor_Change与是否为非违规企业的虚拟变量Fraud的Spearman相关系数和Pearson相关系数均为0.074，且都在5%的水平上显著，在一定程度上说明非违规企业更易发生审计师变更，与本章的预期相符。审计意见Opinion与是否为非违规企业的变量Fraud的Spearman相关系数和Pearson相关系数均为0.130，并都在1%的水平上显著，说明与对照组相比，审计师更倾向于对非违规企业出具非标审计意见。

对于控制变量，资产规模SIZE、盈利水平ROA、审计收费FEE均与审计师变更Auditor_Change显著负相关，说明资产规模越大、盈利水平越高、审计收费越高的上市公司更易发生审计师变更。资产规模SIZE、盈利水平ROA和审计收费FEE与审计意见Opinion显著负相关，说明资产规模越大、盈利水平越高、审计收费越高的上市公司越不容易被出具非标审计意见；资产负债率LEV、是否亏损的虚拟变量LOSS和特别处理的虚拟变量ST与审计意见Opinion显著正相关，说明资产负债率较高、发生亏损和受到特别处理的企业更容易被出具非标审计意见。

（3）回归结果

本章将发生信息披露违规的企业集团内的非违规企业作为样本，并为每一个非违规企业匹配了一个同行业、年初资产规模最接近的上市公司作为对照组，该对照组的上市公司隶属于某一企业集团，但该企业集团在样本期间从未发生信息披露违规行为。根据假设，本章预期与对照组相比，非违规企业更倾向于更换审计师，而且审计师为了控制面临的风险，也更倾向于对非违规企业出具非标审计意见。为验证这一预期，本章分别对模型（5.1）和模型（5.2）进行回归。

表5-3 相关性分析

VARIABLES	Auditor_Change	Opinion	Fraud	SIZE	LEV	ROA	LARGEST	LOSS	ST	FEE	Complex
Auditor_Change	1	0.011	0.074**	-0.073*	0.008	-0.062*	0.037	-0.005	0.021	-0.055*	0.068**
Opinion	0.011	1	0.130***	-0.164***	0.170***	-0.179***	-0.012	0.246***	0.359***	-0.069**	-0.025
Fraud	0.074**	0.130***	1	-0.008	0.148***	-0.082**	0.110***	0.075**	0.049	-0.074**	0.122***
SIZE	-0.069**	-0.168**	-0.002	1	0.363***	0.006	0.158***	-0.056*	-0.236***	0.672***	-0.075**
LEV	0.011	0.204***	0.159***	0.341***	1	-0.420***	0.086***	0.215***	0.212***	0.265***	0.121***
ROA	-0.036	-0.307***	-0.086***	0.072**	-0.435***	1	0.014	-0.525***	-0.158***	0.077**	-0.040
LARGEST	0.033	-0.020	0.097***	0.193***	0.092***	0.053	1	-0.009	0.023	0.007	0.070**
LOSS	-0.005	0.246***	0.075**	-0.056**	0.227***	-0.643***	-0.016	1	0.131***	-0.030	-0.090***
ST	0.021	0.359***	0.049	-0.241***	0.234***	-0.171***	0.017	0.131***	1	-0.030	-0.049
FEE	-0.067**	-0.069**	-0.047	0.704***	0.232***	0.109***	0.058*	-0.026	-0.050	1	-0.132***
Complex	0.056*	-0.022	0.112***	-0.026	0.189***	-0.041	0.087***	-0.092***	-0.047	-0.112***	1

注：（1）所有连续变量都经过1%和99%分位数的缩尾处理；（2）***、**、*分别表示在1%、5%和10%的水平上显著（双尾检验）。

表5-4报告了这部分的回归结果。其中，第（1）列和第（2）列是模型（5.1）的回归结果，第（3）列和第（4）列是模型（5.2）的回归结果。由第（1）列和第（2）列可以看出，Fraud上的系数均在5%的水平上显著为正（0.302于第（1）列，t = 2.26；0.280于第（2）列，t = 2.03），说明与对照组相比，企业集团内的非违规成员企业更倾向于更换审计师，证实了假设5-1的预期。由第（3）列和第（4）列可以看出，Fraud上的系数均在1%的水平上显著为正（1.879于第（3）列，t = 3.46；2.279于第（4）列，t = 3.22），说明与对照组相比，非违规成员企业的审计师面临更高的审计风险，更有可能出具非标审计意见，证实了假设5-2的预期。

表5-4 **传染效应与审计师变更、审计意见**

VARIABLES	Dep.Var =			
	Auditor_Change		Opinion	
	(1)	(2)	(3)	(4)
Fraud	0.302** (2.26)	0.280** (2.03)	1.879*** (3.46)	2.279*** (3.22)
SIZE		-0.137 (-1.41)		-1.018*** (-2.97)
LEV		0.160 (0.38)		2.962** (2.18)
ROA		-2.316 (-1.16)		-15.693** (-2.54)
LARGEST		0.599 (1.24)		-1.139 (-0.63)
LOSS		-0.335 (-1.14)		-0.592 (-0.69)
ST		-0.019 (-0.06)		1.949*** (3.44)
FEE		-0.045 (-0.28)		0.470 (0.75)
Opinion		-0.219 (-0.51)		
Complex				-0.617 (-0.39)
Constant	-0.483*** (-5.06)	2.965* (1.82)	-4.745*** (-9.45)	9.148 (1.26)
Observations	928	928	928	928
Pseudo R^2	0.004	0.011	0.068	0.461

注：（1）括号内为t值；（2）所有连续变量进行1%和99%分位数的缩尾处理；（3）***、**、*分别表示在1%、5%和10%的水平上显著（双尾检验）。

5.2.4 稳健性检验

（1）更换审计师变更指标

本章前述的分析对非违规企业在违规公告当年是否更换审计师进行了检验，发现当一家企业发生信息披露违规事件后，与对照组相比，同一企业集团内的非违规成员企业在违规公告当年更倾向于更换审计师。但上市公司本年度会计师事务所的聘用可能是在每年年初或上年年末的股东大会上作出的决定，因此违规事件发生后，非违规企业可能会在违规后的一年更换现任审计师。为验证本章的主要结论，本部分用违规公告当年或后一年是否更换审计师来衡量审计师变更，记为变量Auditor_Change2years。如果非违规企业在违规公告当年或后一年更换了审计师，那么Auditor_Change2years取1，否则Auditor_Change2years取0。

将Auditor_Change2years作为被解释变量，对模型（5.1）再次进行回归。表5-5的前两列报告了这部分的结果。可以看出，Fraud上的系数均显著为正，且分别在5%和10%的水平上显著，说明与对照组相比，非违规企业更可能在违规当年或违规后的一年变更审计师。

（2）固定效应模型

在这一部分，本章控制行业和年份的固定效应来对主要的回归结果进行验证。表5-5的后四列报告了这部分的回归结果。第3列和第4列是对假设5-1的检验，被解释变量为是否变更审计师的虚拟变量Auditor_Change。由结果可以看出，Fraud上的系数均显著为正，且都在5%的水平上显著，其中第3列的估计系数为0.361（t = 2.47），第4列的估计系数为0.313（t = 2.07），再次验证了假设5-1的预期。

表5-5的第5列和第6列是对假设5-2的检验，被解释变量为审计意见Opinion，当审计师出具非标审计意见时，Opinion取1，否则Opinion取0。由结果可以看出，Fraud上的系数均在1%的水平上显著为正（1.951于第5列，t = 3.55； 1.983于第6列，t = 2.70），说明与对照组相比，非违规企业更可能被出具非标审计意见，再次验证了假设5-2的预期。

表5-5 **稳健性检验：传染效应与审计师变更、审计意见**

VARIABLES	Dep.Var =					
	Auditor_Change2years		Auditor_Change		Opinion	
	(1)	(2)	(3)	(4)	(5)	(6)
Fraud	0.387**	0.282*	0.361**	0.313**	1.951***	1.983***
	(2.36)	(1.65)	(2.47)	(2.07)	(3.55)	(2.70)
SIZE		0.020		-0.111		-1.131***
		(0.16)		(-0.98)		(-2.73)
LEV		0.792		0.290		4.229**
		(1.39)		(0.58)		(2.51)
ROA		0.125		-3.202		-15.140**
		(0.05)		(-1.46)		(-2.21)
LARGEST		0.400		0.603		-0.677
		(0.65)		(1.11)		(-0.32)
LOSS		0.101		-0.439		-0.375
		(0.28)		(-1.35)		(-0.38)
ST		0.321		-0.078		2.761***
		(0.82)		(-0.22)		(3.68)
FEE		-0.461**		-0.009		-0.171
		(-2.35)		(-0.05)		(-0.22)
Opinion		0.003		0.228		
		(0.01)		(0.47)		
Complex						-2.687
						(-1.32)
Constant	2.088***	7.106***	0.211	2.450	-2.752**	18.429*
	(3.32)	(3.20)	(0.38)	(1.28)	(-2.11)	(1.81)
Industry-fixed effects	Yes	Yes	Yes	Yes	Yes	Yes
Year effects	Yes	Yes	Yes	Yes	Yes	Yes
Observations	924	924	926	926	702	702
Pseudo R^2	0.247	0.258	0.136	0.142	0.157	0.564

注：（1）括号内为t值；（2）所有连续变量进行1%和99%分位数的缩尾处理；（3）***、**、*分别表示在1%、5%和10%的水平上显著（双尾检验）。

5.3 审计师变更与挽回声誉

从本章前述的分析中可发现，企业集团内的一家企业发生信息披露违规行为后，非违规成员企业更倾向于更换审计师，以削弱违规导致的负面声誉传染效应的影响。但这一措施是否在一定程度上挽回了投资者的信心尚未可知。本部分将对这一问题进行解答。

5.3.1 研究假设

企业更换审计师的行为向投资者传递了其努力提升会计信息质量的信号，因此更换审计师的措施可以在一定程度上重塑投资者对企业会计信息的信心，有助于企业挽回受损的声誉。现有研究也提供了证据支持。Mande和Son（2013）检验了财务重述和审计师变更的关系，指出迫于资本市场的压力，发生财务重述的公司通过变更审计师提高了审计质量和恢复了企业的声誉。Chen等（2014）研究发现，发生财务重述之后，投资者对企业会计信息质量的信心下降，会计信息的声誉受损，但采取更换审计师的措施可以在一定程度上提高财务报告的可信度，挽回受损的声誉。

类似地，本书认为非违规企业的审计师变更也向投资者传递了一个正面信号，向投资者说明企业认识到了错误并正在采取措施对公司进行整改。因此，当企业集团内发生信息披露违规后，非违规成员企业可以通过变更审计师这一有针对性的补救措施来挽回传染效应造成的声誉损失。基于以上分析，本章预期当企业集团内的一家企业发生信息披露违规后，如果非违规成员企业更换了审计师，将会使投资者看到非违规企业为提升会计信息质量而作出的努力，进而使得投资者对本企业的会计信息质量重拾信心，削弱违规公告的负面传染效应，据此提出研究假设5-3。

假设5-3：当企业集团内的一家企业发生信息披露违规后，如果同一企业集团内的非违规成员企业采取了更换审计师的措施，那么这一违规行为并不会导致非违规成员企业的盈余反应系数显著降低。

5.3.2 研究设计

（1）数据来源

本章以2008—2014年企业集团内的信息披露违规事件为研究对象，以非违规成员企业为研究样本，分析所用到的上市公司隶属企业集团的信息由手工收集得到，其他数据均来源于国泰安（CSMAR）数据库。以2008年为起点，是因为2007年实施了新的会计准则，重新定义和规范了基本每股收益和稀释每股收益的计算和列报，而且本书变量的计算需要使用滞后期的每股收益数据，以2008年为样本选择的起点可以保证指标计算的一致性，避免会计准则变动对本章的研究产生干扰。以2014年为样本选择的终点，是因为2015年中共中央、国务院印发了《关于深化国有企业改革的指导意见》，鼓励国有企业集团改革重组和集体上市，导致国有企业集团边界的模糊和该集团内成员企业的难以识别，同时，国有企业集团的改革重组会影响投资者对所有国有企业集团或某一国有企业集团前景的预期，对本章的研究产生干扰。因此，本章收集的企业集团信息截至2014年。

与前述分析一致，对于国有企业集团，本书仅追溯至国务院国资委、地方国资委等政府部门所控制的一级企业集团。此外，本章仍以信息披露违规为切入点对声誉传染效应进行研究。根据国泰安数据库对违规类型的分类，本章将虚构利润、虚列资产、虚假记载（误导性陈述）、重大遗漏、披露不实和一般会计处理不当列为涉及信息披露的违规行为。

本章按照非违规企业是否更换审计师将样本分为两组，考察不同的分组样本下，非违规企业在事件后连续四个季度的盈余反应系数分别相较于违规前一个季度的盈余反应系数的变化。当企业集团内有两个或以上上市公司违规时，为不影响可比性及排除噪声的干扰，仅保留第一个违规事件。同时，本章剔除了金融业的上市公司以及数据存在缺失的观测值，最终得到872个季度观测值。

（2）变量定义

本章关于企业的会计师事务所的信息来源于国泰安（CSMAR）数

据库。由于无法直接获取上市公司审计师变更的具体时间，本章按照是否在违规公告当年变更审计师这一方法对审计师变更进行定义。具体来说，本章构建变量Auditor_Change，当企业集团内的一家企业因信息披露违规而受到处罚时，如果非违规成员企业在处罚公告的当年更换了审计师，那么Auditor_Change取1，否则Auditor_Change取0。

根据《中华人民共和国公司法》，上市公司应当在每一会计年度终了时编制财务会计报告，并依法经会计师事务所审计。上市公司聘用、解聘承办公司审计业务的会计师事务所是由股东大会或者董事会决定的[①]，而本年度会计师事务所的聘用可能是在每年年初或上年年末的股东大会上作出的决定。也就是说，根据本书对审计师变更的定义，可能存在非违规企业在股东大会上先作出了变更审计师的决定，而后才有企业集团内的成员企业受到违规处罚这一情况，即变更审计师可能并不是非违规企业针对企业集团内违规事件而作出的应对措施，或者说本章对审计师变更的定义可能欠缺一定的针对性。

即便如此，本章对审计师变更的考察仍具有合理性，原因有以下两个方面：一方面，变更审计师仍然是一个提升会计信息声誉的利好信号（Mande和Son，2013；Chen等，2014），有利于改善投资者对非违规企业会计信息的评价。如果按照本章对审计师变更的定义，发现即便非违规企业是在处罚公告前变更的审计师，但这一行为仍削弱了会计信息的负面声誉传染效应，那么说明针对这一处罚事件而专门变更审计师的措施将为非违规企业带来更优的重塑声誉的效果。换句话说，本章对审计师变更的定义仅会对研究结论造成低估。另一方面，监管部门对上市公司进行处罚之前，经过了一定时间的调查，而企业集团内的成员企业是这一内幕消息的知情者（Anderson和Reeb，2003；Chan等，2010；Anderson等，2012；蔡宁，2012），因此在处罚公告之前，非违规成员企业很可能早已预知企业集团内的成员企业将被处罚的信息，可在违规公告披露的当年更换审计师，以削弱违规事件对本企业的影响。本章对审计师变更的定义与朱春艳和伍利娜（2008），Agrawal和Cooper（2008）的研究一致。

① 2018年4月，深圳证券交易所修改了聘用、解聘年审会计师事务所程序的规定，要求公司聘请或者解聘会计师事务所必须由股东大会决定。

本部分其他主要变量的定义详见表5-6。

表5-6 主要变量定义

变量名称	变量定义
Panel A：被解释变量和解释变量	
CAR	非违规企业在季度盈余宣告日［-2，+2］期间经市场调整的累积超额收益
UE	未预期盈余，非违规企业季度每股收益减去上年该季度的每股收益，再除以季度末股价
$QUARTER_k$	违规处罚后第k个季度的指示变量（k＝1，2，3，4），当盈余宣告日属于处罚后第k个季度时，$QUARTER_k$取1，否则$QUARTER_k$取0
Panel B：分组变量	
Auditor_Change	非违规企业是否更换审计师的虚拟变量，在违规公告年度更换审计师时，Auditor_Change取1，否则Auditor_Change取0
CFO_Change	非违规企业是否更换CFO的虚拟变量，在违规公告年度更换CFO时，CFO_Change取1，否则CFO_Change取0
Panel C：控制变量	
MTB	市账比，总资产市值除以账面价值
LOSS	是否亏损的虚拟变量，亏损时，LOSS取1，否则LOSS取0
SIZE	企业规模，总资产的自然对数
BETA	Beta系数，用季度前48个月的个股回报率和市场回报率回归所得
Q4	是否为年度报告的虚拟变量，当公布的是年度报告时，Q4取1，否则Q4取0
AGE	企业年龄，计算方法为：Log［（季度盈余宣告日-成立日期）/360］
NONPERSISTENCE	盈余的不可持续性，非经常性损益除以税前利润（叶康涛等，2014）
GROWTH	成长速度，用季度营业收入减去上年该季度的营业收入，再除以上年该季度的营业收入

（3）实证模型

为了检验审计师变更对会计信息声誉传染效应的影响，本章按照非违规企业是否更换审计师将样本分为两组，再分别对更换审计师（Auditor_Change = 1）和未更换审计师（Auditor_Change = 0）两组样本进行模型（5.3）的回归，考察这两种不同情形下，非违规成员企业的盈余反应系数是否有不同程度的降低。

$$CAR_{i,t} = \alpha_0 + \sum_{k=1}^{4}\alpha_{1k}QUARTER_k + \alpha_2 UE_{i,t} + \sum_{k=1}^{4}\alpha_{3k}[QUARTER_k \times UE_{i,t}] + \sum_{j=4}^{11}\alpha_j CONTROLS_{i,t} + \sum_{l=12}^{19}\alpha_l[UE_{i,t} \times CONTROLS_{i,t}] + Quarter + Industry + \varepsilon_{i,t} \quad (5.3)$$

$$CONTROLS_{i,t} = \{MTB_{i,t}, LOSS_{i,t}, SIZE_{i,t}, BETA_{i,t}, Q4_{i,t}, AGE_{i,t}, GROWTH_{i,t}, NONPERSIST_{i,t}\}$$

在模型（5.3）中，被解释变量$CAR_{i,t}$为企业i在t季度盈余宣告日前后［-2，+2］时间窗口内经市场收益调整的累积超额收益。$QUARTER_k$（k = 1，2，3，4）为指示变量，当处于违规处罚后第k个季度时，$QUARTER_k$取1，否则$QUARTER_k$取0。$UE_{i,t}$为未预期盈余，用当年t季度稀释每股收益减去上年t季度稀释每股收益，再除以当年t季度末的股价计算（Chen等，2014）。

在模型（5.3）中，对照组为违规处罚公告前一个季度的盈余公告事件，此时$QUARTER_k$（k = 1，2，3，4）等于0，系数α_2代表该季度的累积超额收益和未预期盈余之间的关系，即违规公告前的盈余反应系数（ERC）。这里分别将处罚公告后连续四个季度的盈余反应系数与对照组进行比较，交乘项$UE_{i,t} \times QUARTER_k$（k = 1，2，3，4）的系数$\alpha_{3k}$，反映了各季度盈余反应系数相对于公告前的变化。根据假设5-1，本章将更换审计师（Auditor_Change = 1）和未更换审计师（Auditor_Change = 0）两组样本分别进行模型（5.1）的回归，并将预期与处罚公告前相比，处罚公告后更换审计师的非违规企业（Auditor_Change = 1）的盈余反应系数并不会显著降低，即预期α_{3k}并不显著为负。控制变量的定义已在第3章进行了详细阐述，在此不再赘述，详见表5-6。

5.3.3 实证结果分析

（1）描述性统计

表5-7列示了本章主要变量的描述性统计结果。累积超额收益CAR的均值为0，中位数为-0.006，标准差为0.054，最小值为-0.113，最大值为0.207。未预期盈余UE的均值为-0.004，中位数为0，标准差为0.027，最小值为-0.109，最大值为0.093。是否更换审计师的虚拟变量Auditor_Change的均值为0.216，中位数为0，说明样本中21.60%的非违规企业在违规公告的当年更换了审计师。

对于控制变量，市账比MTB的均值达到2.071，中位数为1.617，标准差为1.271，最小值为0.841，最大值为7.979。是否亏损的虚拟变量LOSS的均值为0.197，说明样本中19.70%的观测值宣告的盈余为负。总资产的对数SIZE的均值为22.276，中位数为22.012，标准差为1.438，最小值为18.954，最大值为26.360。最后，企业年龄的自然对数AGE的均值为2.735，说明样本中上市公司成立年限平均为15年。

表5-7 **描述性统计**

变量	观测值	均值	中位数	标准差	最小值	最大值
Panel A：被解释变量和解释变量						
CAR	872	-0.000	-0.006	0.054	-0.113	0.207
UE	872	-0.004	-0.000	0.027	-0.109	0.093
Panel B：分组变量						
Auditor_Change	872	0.216	0.000	0.411	0.000	1.000
CFO_Change	872	0.187	0.000	0.390	0.000	1.000
Panel C：控制变量						
MTB	872	2.071	1.617	1.271	0.841	7.979
LOSS	872	0.197	0.000	0.398	0.000	1.000
SIZE	872	22.276	22.012	1.438	18.954	26.360
BETA	872	1.000	1.023	0.218	0.423	1.484
Q4	872	0.196	0.000	0.397	0.000	1.000
AGE	872	2.735	2.743	0.291	1.860	3.408
GROWTH	872	0.161	0.056	0.601	-0.841	4.197
NONPERSISTENCE	872	0.247	0.038	0.809	-1.197	5.404

注：所有连续变量都经过1%和99%分位数的缩尾处理。

（2）相关性分析

主要变量的相关性分析列示在表5-8中，其中上三角为Spearman相关系数，下三角为Pearson相关系数。累积超额收益CAR与未预期盈余UE的Spearman相关系数为0.094，Pearson相关系数为0.089，并都在1%的水平上显著，说明未预期盈余越高，累积超额收益越高，与理论相符。是否更换审计师的虚拟变量Auditor_Change与累积超额收益CAR正相关，而与未预期盈余UE负相关，均不具有统计上的显著性。

对于控制变量，累积超额收益CAR与市账比MTB、是否亏损LOSS和盈余不可持续性NONPERSISTENCE均显著负相关，说明市账比越高的企业、发生亏损的企业和盈余不可持续性越高的企业往往具有越低的累积超额收益；企业成长速度GROWTH与累积超额收益CAR显著正相关，说明成长速度较快的企业往往具有较高的累积超额收益。

（3）回归结果

本章前面的分析指出，当企业集团内的一家企业发生信息披露违规后，非违规成员企业的会计信息声誉也会受到影响，具体表现为与违规事件前相比，违规事件后盈余反应系数显著降低。当非违规企业意识到这一声誉传染效应的存在时，为最小化本企业的损失，将采取应对措施来缓解这一负面声誉传染效应，试图挽回投资者对本企业会计信息质量的信心。本章预期更换审计师就是这样一种有效的弥补措施。为验证这一预期，本章对在违规公告年度更换审计师（Auditor_Change = 1）和未更换审计师（Auditor_Change = 0）的两组非违规企业的季度观测值分别进行模型（5.3）的回归，考察与违规前相比，两组样本在违规后的盈余反应系数是否有所不同。

表5-9报告了分组回归的结果。第（1）列和第（2）列是对更换审计师（Auditor_Change = 1）的子样本进行回归的结果，可以看出，交互项$UE \times QUARTER_1$、$UE \times QUARTER_2$、$UE \times QUARTER_3$、$UE \times QUARTER_4$上的系数均不具有统计上的显著性。第（3）列和第（4）列是对未更换审计师（Auditor_Change = 0）的子样本进行回归的结果，不论是简单模型（第（3）列）还是加入控制变量后的完整模型（第（4）列），交互项UE×

表5-8 相关性分析

VARIABLES	CAR	UE	Auditor_Change	CFO_Change	MTB	LOSS	SIZE	BETA	Q4	AGE	GROWTH	NONPERSISTENCE
CAR	1	0.094***	0.002	0.087**	-0.053	-0.109***	0.0003	-0.029	-0.002	-0.024	0.084**	0.017
UE	0.089***	1	-0.004	0.112***	0.119***	-0.301***	-0.034	-0.052	0.043	0.073**	0.360***	0.155***
Auditor_Change	0.004	-0.012	1	0.113***	0.023	-0.078**	0.004	-0.026	0.029	-0.136***	0.064*	0.089***
CFO_Change	0.081**	0.131***	0.113***	1	0.128***	-0.082**	-0.130***	-0.024	0.015	-0.062*	0.081**	0.047
MTB	-0.072**	0.091***	0.065*	0.093**	1	0.102***	-0.713***	0.110***	-0.014	-0.167***	0.103***	-0.040
LOSS	-0.116***	-0.271***	-0.078**	-0.082**	0.160***	1	-0.166***	0.129***	-0.085**	0.053	-0.209***	-0.481***
SIZE	0.013	-0.070**	-0.028	-0.113***	-0.625***	-0.167***	1	-0.233***	-0.021	0.146***	0.020	0.003
BETA	-0.032	-0.051	-0.002	0.002	0.119***	0.120***	-0.301***	1	0.010	-0.043	-0.024	0.022
Q4	-0.004	-0.050	0.029	0.015	-0.036	-0.085**	-0.019	0.014	1	-0.019	0.047	0.152***
AGE	-0.036	0.059*	-0.099***	-0.060*	-0.091***	0.056*	0.104***	-0.046	-0.015	1	-0.027	-0.015
GROWTH	0.034	0.203***	0.044	0.027	0.099***	-0.048	-0.037	-0.016	0.001	0.051	1	0.053
NONPERSISTENCE	-0.064*	0.064*	-0.002	0.020	0.022	-0.179***	-0.101***	0.065*	0.107***	0.011	-0.077**	1

注：所有连续变量都经过1%和99%分位数的缩尾处理。

$QUARTER_1$和$UE \times QUARTER_2$上的系数均显著为负。这样的结果说明，违规公告当年更换审计师的非违规企业并没有经历盈余反应系数的显著降低，即采取更换审计师的措施可以有效避免受到负面传染效应的影响，假设5-3得以支持。

表5-9　　**变更审计师与挽回声誉**

VARIABLES	Dep.Var.= CAR［-2，+2］			
	更换审计师 Auditor_Change=1		未更换审计师 Auditor_Change=0	
	(1)	(2)	(3)	(4)
UE	0.572***	13.045*	0.360***	4.119
	(2.84)	(1.90)	(2.76)	(1.55)
$QUARTER_1$	-0.024	-0.027*	-0.012*	-0.012*
	(-1.61)	(-1.86)	(-1.69)	(-1.69)
$QUARTER_2$	-0.013	-0.016	-0.004	-0.004
	(-0.80)	(-0.89)	(-0.52)	(-0.45)
$QUARTER_3$	-0.001	0.002	-0.008	-0.009
	(-0.03)	(0.09)	(-1.02)	(-1.17)
$QUARTER_4$	-0.016	-0.015	-0.010	-0.010
	(-1.13)	(-0.93)	(-1.20)	(-1.18)
$UE \times QUARTER_1$	0.063	0.228	-0.563**	-0.679***
	(0.18)	(0.61)	(-2.49)	(-2.89)
$UE \times QUARTER_2$	-0.126	-0.060	-0.397*	-0.463**
	(-0.42)	(-0.11)	(-1.92)	(-2.08)
$UE \times QUARTER_3$	-0.166	0.498	-0.283	-0.389
	(-0.34)	(0.81)	(-1.09)	(-1.49)
$UE \times QUARTER_4$	0.264	0.664	-0.237	-0.200
	(0.56)	(1.09)	(-1.15)	(-0.88)
MTB		-0.005		-0.004
		(-0.90)		(-1.53)
LOSS		-0.010		-0.007
		(-0.41)		(-1.02)

续表

VARIABLES	Dep.Var.= CAR [-2, +2]			
	更换审计师 Auditor_Change=1		未更换审计师 Auditor_Change=0	
	(1)	(2)	(3)	(4)
SIZE		-0.007 (-1.45)		-0.002 (-0.65)
BETA		-0.012 (-0.32)		-0.009 (-0.74)
Q4		-0.016 (-0.42)		0.124*** (4.36)
AGE		-0.036 (-1.11)		-0.003 (-0.36)
GROWTH		0.000 (0.00)		0.004 (1.01)
NONPERSISTENCE		0.004 (0.41)		-0.007** (-2.53)
UE×MTB		-0.907** (-2.52)		-0.126 (-1.34)
UE×LOSS		0.296 (0.57)		0.080 (0.39)
UE×SIZE		-0.253 (-1.29)		-0.090 (-1.08)
UE×BETA		-0.097 (-0.15)		-0.700** (-2.28)
UE×Q4		-0.524 (-1.52)		0.151 (0.92)
UE×AGE		-2.025* (-1.91)		-0.296 (-0.80)
UE×GROWTH		0.251 (0.76)		-0.126 (-1.28)

续表

VARIABLES	Dep.Var.= CAR [-2, +2]			
	更换审计师 Auditor_Change=1		未更换审计师 Auditor_Change=0	
	(1)	(2)	(3)	(4)
UE×NONPERSISTENCE		0.335 (1.02)		-0.171 (-1.27)
Constant	-0.176*** (-8.35)	0.251* (1.99)	-0.072*** (-5.86)	0.005 (0.07)
Quarter-fixed effects	Yes	Yes	Yes	Yes
Industry-fixed effects	Yes	Yes	Yes	Yes
Observations	188	188	684	684
R-squared	0.285	0.367	0.114	0.141

注：(1) 使用企业层面聚类稳健标准误；(2) 所有连续变量进行1%和99%分位数的缩尾处理；(3) 括号内为t值；(4) ***、**、*分别表示在1%、5%和10%的水平上显著（双尾检验）。

5.3.4 进一步分析

作为约束管理层的重要机制，高管变更在公司治理研究领域受到了众多关注。信息披露违规是上市公司发生的重大丑闻之一，反映出了公司内部治理机制层面可能存在的漏洞，引发资本市场参与者和社会公众对企业组织合法性的质疑。在企业发生信息披露违规后，变更高管也往往成为上市公司惯用的补救措施。由于CFO对企业的信息披露行为负有最直接的责任，因此当企业因信息披露违规而受到监管部门的处罚时，CFO通常被认为应该对此承担一定的责任，企业也往往通过更换CFO或高管的途径来弥补过错。现有研究也得到了相似的结论。Livingston（1996）发现操控财务报表的企业在之后的几年内更容易发生高级管理人员和CFO的变更。Agrawal和Cooper（2008）以1997—2002年进行向下盈余重述的518家美国上市公司为样本，并按照行业相同、总资产规模最接近的原则，为每一个重述企业匹配一个在样本期间从未发生财务重述的上市公司为对照组，将两组样本进行对比，研究发现，与对照组相比，发生财务重述的企业更倾向于变更高管、CFO和审计师。醋卫华（2011）以2003—2008年发生丑闻的公司高管为研究对象，发现上市公司违规事件显著提高了高管变更的概率，而且违规公司的董事长变更后继续担任本公司其他职位的概率也降低。谢盛纹和陈娇（2014）研究指出，企业发生信息披露违规后，通常会通过变更高管这一补救措施来挽回投资者的信任，而且与未采取变更高管措施的企业相比，变更高管的企业有更好的市场表现。

Agrawal等（1999），Agrawal和Cooper（2008）分别讨论了财务欺诈和财务重述导致高管发生变更的原因，这些原因同样适用于信息披露违规。首先，发生信息披露违规的企业面临来自股东的更大的证券诉讼风险，及时更换CFO等高管可以限制企业在违规事件中所承担的责任。其次，信息披露违规使得企业声誉受损，更换CFO等高管的措施有助于挽回企业因违规行为而丧失的声誉（谢羽婷等，2010）。因此，本章预期如果非违规企业采取了更换CFO的措施，将会缓企业解集团内信息披露违规行为对本企业会计信息声誉的负面影响。

根据上述分析，本章认为，当企业集团内的一家企业发生信息披露违规后，如果非违规成员企业采取了变更CFO的措施，那么非违规成员企业的盈余反应系数也不会显著降低。为验证这一预期，本章按照非违规成员企业在违规公告当年是否更换CFO将样本分为两组：更换CFO（CFO_Change=1）的子样本和未更换CFO（CFO_Change=0）的子样本，并分别对这两组样本进行回归。表5-10报告了这部分的回归结果。

表5-10 **变更CFO与挽回声誉**

VARIABLES	Dep.Var.= CAR ［-2，+2］			
	更换CFO CFO_Change=1		未更换CFO CFO_Change=0	
	(1)	(2)	(3)	(4)
UE	-0.011	2.976	0.375***	4.051**
	(-0.03)	(0.39)	(3.00)	(1.98)

续表

VARIABLES	Dep.Var.= CAR［-2，+2］			
	更换 CFO CFO_Change=1		未更换 CFO CFO_Change=0	
	（1）	（2）	（3）	（4）
$QUARTER_1$	-0.002 （-0.06）	-0.009 （-0.34）	-0.014^{*} （-1.95）	-0.014^{*} （-1.96）
$QUARTER_2$	-0.027 （-1.12）	-0.028 （-1.07）	-0.001 （-0.14）	0.000 （0.02）
$QUARTER_3$	-0.024 （-1.23）	-0.029 （-1.52）	0.000 （0.01）	-0.000 （-0.04）
$QUARTER_4$	-0.040^{*} （-1.89）	-0.045^{**} （-2.09）	-0.004 （-0.48）	-0.004 （-0.42）
$UE \times QUARTER_1$	0.084 （0.15）	-0.235 （-0.29）	-0.577^{***} （-2.81）	-0.616^{***} （-2.80）
$UE \times QUARTER_2$	0.726 （0.67）	0.836 （0.42）	-0.384^{**} （-2.13）	-0.314 （-1.50）
$UE \times QUARTER_3$	0.451 （0.74）	-0.668 （-0.54）	-0.379^{*} （-1.69）	-0.388^{*} （-1.67）
$UE \times QUARTER_4$	-0.385 （-0.62）	-1.656^{**} （-2.15）	-0.174 （-0.84）	-0.161 （-0.76）
MTB		-0.003 （-0.24）		-0.005^{*} （-1.87）
LOSS		-0.009 （-0.27）		-0.010^{*} （-1.73）
SIZE		-0.016^{**} （-2.15）		-0.002 （-0.76）
BETA		-0.058 （-0.89）		-0.011 （-0.99）

续表

VARIABLES	Dep.Var.= CAR [-2, +2]			
	更换 CFO CFO_Change=1		未更换 CFO CFO_Change=0	
	(1)	(2)	(3)	(4)
Q4		-0.068 (-0.54)		0.039* (1.69)
AGE		0.008 (0.22)		0.003 (0.30)
GROWTH		0.015 (0.62)		0.004 (1.04)
NONPERSISTENCE		-0.001 (-0.05)		-0.006** (-2.45)
UE×MTB		-0.544 (-0.97)		-0.084 (-0.99)
UE×LOSS		4.097** (2.59)		0.059 (0.33)
UE×SIZE		0.305 (1.14)		-0.079 (-1.27)
UE×BETA		-3.540** (-2.18)		-0.534* (-1.89)
UE×Q4		-0.120 (-0.12)		0.007 (0.05)
UE×AGE		-2.336 (-1.43)		-0.442 (-1.65)
UE×GROWTH		-0.528 (-0.60)		-0.023 (-0.26)

续表

VARIABLES	Dep.Var.= CAR［-2，+2］			
	更换CFO CFO_Change=1		未更换CFO CFO_Change=0	
	(1)	(2)	(3)	(4)
UE×NONPERSISTENCE		1.820** (2.14)		-0.245** (-2.04)
Constant	-0.003 (-0.03)	0.471*** (3.03)	-0.075*** (-6.25)	0.000 (0.00)
Quarter-fixed effects	Yes	Yes	Yes	Yes
Industry-fixed effects	Yes	Yes	Yes	Yes
Observations	163	163	709	709
R-squared	0.265	0.424	0.127	0.160

注：(1) 括号内为t值；(2) 所有连续变量进行1%和99%分位数的缩尾处理；(3) ***、**、*分别表示在1%、5%和10%的水平上显著（双尾检验）。

表5-10的第（1）列和第（2）列是更换CFO的子样本的回归结果，未预期盈余与季度交互项上的系数均不显著；第（3）列和第（4）列是未更换CFO的子样本的回归结果，在不包括控制变量的简单模型（第（3）列）中，交互项UE×$QUARTER_1$、UE×$QUARTER_2$和UE×$QUARTER_3$的系数均显著为负，加入控制变量（第（4）列）后，UE×$QUARTER_1$和UE×$QUARTER_3$的系数也均显著为负，交互项UE×$QUARTER_2$的系数为负，但显著性较弱。以上结果证实，未采取更换CFO措施的非违规企业经历了违规事件后连续三个季度的盈余反应系数降低，而采取更换CFO措施的非违规企业的盈余反应系数并未发生显著降低，说明更换CFO的措施也可以使非违规企业会计信息的声誉免于遭受损害。

5.3.5 稳健性检验

为对本章的主要结论进行验证，本部分进行稳健性检验。首先，本章从企业集团层面进行聚类，对回归结论进行验证。其次，前述计算未预期盈余时使用的是季度稀释每股收益，与之不同的是，在稳健性检验中，本章使用基本每股收益来计算未预期盈余指标，对本章的假设进行再次检验。

（1）对企业集团的聚类

本章前述的实证分析将每个企业划分为一类，使用企业层面的聚类进行回归。虽然不同的企业集团之间存在很大的差异，但同一企业集团内的成员企业之间具有诸多相似之处。考虑到这一问题，本章在分析中将处于相同企业集团的非违规成员企业划分为一类，对企业集团进行聚类分析。表5-11报告了这部分的回归结果。

表5-11 对企业集团聚类

VARIABLES	Dep.Var.= CAR ［-2，+2］			
	更换审计师	未更换审计师	更换CFO	未更换CFO
	（1）	（2）	（3）	（4）
UE	13.045 （1.69）	4.119 （1.66）	2.976 （0.39）	4.051* （1.90）
$QUARTER_1$	-0.027** （-2.28）	-0.012* （-1.85）	-0.009 （-0.34）	-0.014** （-2.33）
$QUARTER_2$	-0.016 （-0.96）	-0.004 （-0.55）	-0.028 （-1.03）	0.000 （0.02）
$QUARTER_3$	0.002 （0.10）	-0.009 （-1.44）	-0.029 （-1.59）	-0.000 （-0.04）
$QUARTER_4$	-0.015 （-0.88）	-0.010 （-1.17）	-0.045** （-2.19）	-0.004 （-0.47）
$UE \times QUARTER_1$	0.228 （0.56）	-0.679** （-2.58）	-0.235 （-0.27）	-0.616** （-2.49）
$UE \times QUARTER_2$	-0.060 （-0.09）	-0.463** （-2.24）	0.836 （0.37）	-0.314 （-1.52）

续表

VARIABLES	Dep.Var.= CAR [-2，+2]			
	更换审计师	未更换审计师	更换CFO	未更换CFO
	(1)	(2)	(3)	(4)
UE×$QUARTER_3$	0.498	-0.389^{*}	-0.668	-0.388^{*}
	(0.92)	(-1.73)	(-0.50)	(-1.68)
UE×$QUARTER_4$	0.664	-0.200	-1.656^{**}	-0.161
	(1.13)	(-1.01)	(-2.13)	(-0.78)
MTB	-0.005	-0.004	-0.003	-0.005^{*}
	(-0.90)	(-1.60)	(-0.32)	(-1.68)
LOSS	-0.010	-0.007	-0.009	-0.010^{**}
	(-0.44)	(-1.14)	(-0.30)	(-2.10)
SIZE	-0.007	-0.002	-0.016^{**}	-0.002
	(-1.44)	(-0.89)	(-2.13)	(-0.86)
BETA	-0.012	-0.009	-0.058	-0.011
	(-0.33)	(-0.74)	(-0.89)	(-0.97)
Q4	-0.016	0.124^{***}	-0.068	0.039^{**}
	(-0.42)	(4.39)	(-0.96)	(2.30)
AGE	-0.036	-0.003	0.008	0.003
	(-1.19)	(-0.35)	(0.22)	(0.28)
GROWTH	0.000	0.004	0.015	0.004
	(0.00)	(0.91)	(0.75)	(0.94)
NONPERSISTENCE	0.004	-0.007^{**}	-0.001	-0.006^{**}
	(0.42)	(-2.47)	(-0.05)	(-2.63)
UE×MTB	-0.907^{**}	-0.126	-0.544	-0.084
	(-2.42)	(-1.48)	(-0.91)	(-1.07)

续表

VARIABLES	Dep.Var.= CAR [-2, +2]			
	更换审计师	未更换审计师	更换CFO	未更换CFO
	(1)	(2)	(3)	(4)
UE×LOSS	0.296 (0.60)	0.080 (0.35)	4.097** (2.43)	0.059 (0.33)
UE×SIZE	-0.253 (-1.51)	-0.090 (-1.09)	0.305 (1.04)	-0.079 (-1.27)
UE×BETA	-0.097 (-0.12)	-0.700* (-1.96)	-3.540*** (-3.24)	-0.534 (-1.65)
UE×Q4	-0.524* (-1.71)	0.151 (0.95)	-0.120 (-0.12)	0.007 (0.05)
UE×AGE	-2.025 (-1.48)	-0.296 (-0.99)	-2.336* (-1.89)	-0.442 (-1.66)
UE×GROWTH	0.251 (0.74)	-0.126 (-1.25)	-0.528 (-0.75)	-0.023 (-0.25)
UE×NONPERSISTENCE	0.335 (1.14)	-0.171 (-1.27)	1.820** (2.12)	-0.245** (-2.02)
Constant	0.251* (1.75)	0.005 (0.10)	0.471*** (3.30)	0.000 (0.00)
Quarter-fixed effects	Yes	Yes	Yes	Yes
Industry-fixed effects	Yes	Yes	Yes	Yes
Observations	188	684	163	709
R-squared	0.367	0.141	0.424	0.160

注：(1) 括号内为t值；(2) 所有连续变量进行1%和99%分位数的缩尾处理；(3) ***、**、*分别表示在1%、5%和10%的水平上显著（双尾检验）。

表5-11的第（1）列的和第（2）列是对假设5-3的验证。其中，第（1）列是对更换审计师的子样本进行回归的结果，季度与未预期盈余的各交互项的系数均不具有统计上的显著性；第（2）列是对未更换审计师的非违规成员企业进行回归的结果，交互项$UE \times QUARTER_1$、$UE \times QUARTER_2$和$UE \times QUARTER_3$上的系数分别在5%、5%和10%的水平上显著为负。以上结果说明，企业集团内的一家企业发生信息披露违规后，未采取更换审计师的非违规成员企业的盈余反应系数显著降低，会计信息的声誉受损；而采取更换审计师措施的非违规成员企业可避免这一负面传染效应的影响，假设5-1得以验证。

表5-11的第（3）列和第（4）列是对更换CFO和未更换CFO的分组样本进行回归的结果。第（3）列是对更换CFO的子样本的回归，可以看出，$UE \times QUARTER_4$上的系数显著为负，前三个季度与未预期盈余交互项上的系数均不具有统计上的显著性；第（4）列是对未更换CFO的子样本进行的回归，$UE \times QUARTER_1$和$UE \times QUARTER_3$上的系数均显著为负，$UE \times QUARTER_2$上的系数为负，但显著性较弱。以上结果说明，采取更换CFO的措施可以在一定程度上缓解企业集团内违规事件给非违规成员企业带来的负面影响。

（2）用基本每股收益计算未预期盈余

在模型（5.3）中，UE为预期盈余，具体为t季度稀释每股收益减去上年t季度稀释每股收益，再除以当年t季度末的股价计算。在本部分，本书用t季度基本每股收益减去上年t季度基本每股收益，除以当年t季度末的股价计算未预期盈余UE，再对本章的假设进行检验。表5-12报告了这部分的回归结果，为保证实证结果的简洁性，在此仅报告包括控制变量的完整模型的回归结果。

表5-12的第（1）列和第（2）列是对假设5-3的检验。其中，第（1）列是对更换审计师的子样本进行回归的结果，季度与未预期盈余的交互项上的系数均不具有统计上的显著性；第（2）列是对未更换审计师的子样本进行回归的结果，四个季度与未预期盈余交互项上的系数均为负，其中$UE \times QUARTER_1$和$UE \times QUARTER_2$上的系数分别在1%和5%的水平上显著。这一结果说明，与违规前一个季度相比，未更换审计师

的非违规企业在违规后盈余反应系数发生了显著的、持续的降低，与之相反，更换审计师的非违规企业的盈余反应系数未发生显著的变化，假设5-3得以证实。

表5-12 **使用基本每股收益计算未预期盈余**

VARIABLES	Dep.Var.= CAR [-2, +2]			
	更换审计师	未更换审计师	更换CFO	未更换CFO
	(1)	(2)	(3)	(4)
UE	13.033*	4.325	12.113	3.496
	(1.90)	(1.42)	(1.54)	(1.65)
$QUARTER_1$	-0.027*	-0.012	-0.010	-0.014**
	(-1.86)	(-1.65)	(-0.36)	(-2.01)
$QUARTER_2$	-0.016	-0.004	-0.030	0.000
	(-0.89)	(-0.47)	(-1.16)	(0.03)
$QUARTER_3$	0.002	-0.009	-0.028	-0.000
	(0.09)	(-1.14)	(-1.43)	(-0.02)
$QUARTER_4$	-0.015	-0.011	-0.038*	-0.003
	(-0.93)	(-1.23)	(-1.74)	(-0.40)
$UE\times QUARTER_1$	0.221	-0.669***	-0.258	-0.620***
	(0.59)	(-2.76)	(-0.38)	(-2.80)
$UE\times QUARTER_2$	-0.055	-0.439**	1.339	-0.252
	(-0.10)	(-2.09)	(0.92)	(-1.26)
$UE\times QUARTER_3$	0.493	-0.439	-0.248	-0.354
	(0.80)	(-1.62)	(-0.31)	(-1.54)
$UE\times QUARTER_4$	0.656	-0.275	-0.467	-0.087
	(1.07)	(-1.20)	(-0.53)	(-0.42)
MTB	-0.005	-0.004	0.002	-0.005*
	(-0.90)	(-1.51)	(0.21)	(-1.88)

续表

VARIABLES	Dep.Var.= CAR [-2, +2]			
	更换审计师	未更换审计师	更换CFO	未更换CFO
	(1)	(2)	(3)	(4)
LOSS	-0.010 (-0.41)	-0.006 (-0.84)	-0.034 (-1.34)	-0.010 (-1.62)
SIZE	-0.007 (-1.44)	-0.002 (-0.60)	-0.010 (-1.29)	-0.002 (-0.74)
BETA	-0.012 (-0.32)	-0.010 (-0.81)	-0.050 (-0.86)	-0.011 (-0.99)
Q4	-0.016 (-0.41)	0.123*** (4.45)	-0.063 (-0.59)	0.037 (1.61)
AGE	-0.036 (-1.10)	-0.003 (-0.41)	0.009 (0.27)	0.002 (0.28)
GROWTH	0.000 (0.00)	0.003 (0.66)	-0.003 (-0.14)	0.004 (0.99)
NONPERSISTENCE	0.004 (0.40)	-0.007** (-2.44)	-0.005 (-0.51)	-0.006** (-2.46)
UE×MTB	-0.907** (-2.52)	-0.125 (-1.26)	-0.437 (-0.98)	-0.070 (-0.78)
UE×LOSS	0.300 (0.58)	0.165 (0.75)	3.209*** (2.97)	0.067 (0.38)
UE×SIZE	-0.254 (-1.29)	-0.084 (-0.89)	0.066 (0.30)	-0.059 (-0.89)
UE×BETA	-0.086 (-0.13)	-0.858** (-2.38)	-4.777** (-2.65)	-0.558* (-1.94)

续表

VARIABLES	Dep.Var.= CAR ［-2，+2］			
	更换审计师	未更换审计师	更换CFO	未更换CFO
	（1）	（2）	（3）	（4）
UE×Q4	-0.515 （-1.50）	0.116 （0.72）	-0.079 （-0.10）	-0.041 （-0.26）
UE×AGE	-2.016* （-1.91）	-0.363 （-0.93）	-3.384* （-1.98）	-0.404 （-1.50）
UE×GROWTH	0.249 （0.75）	-0.018 （-0.17）	-0.010 （-0.02）	-0.025 （-0.28）
UE×NONPERSISTENCE	0.335 （1.02）	-0.095 （-0.63）	1.723** （2.35）	-0.245** （-2.04）
Constant	0.248* （1.97）	0.002 （0.02）	0.364** （2.16）	-0.000 （-0.00）
Quarter-fixed effects	Yes	Yes	Yes	Yes
Industry-fixed effects	Yes	Yes	Yes	Yes
Observations	188	684	163	709
R-squared	0.367	0.140	0.455	0.162

注：（1）使用公司层面聚类稳健标准误；（2）所有连续变量进行1%和99%分位数的缩尾处理；（3）括号内为t值；（4）***、**、*分别表示在1%、5%和10%的水平上显著（双尾检验）。

表5-12的第（3）列和第（4）列是对CFO变更的检验，即检验更换CFO是否能在一定程度上挽回非违规企业会计信息的声誉，缓解违规事件后盈余反应系数降低的程度。其中，第（3）列是对更换CFO的非违规企业进行回归的结果，季度与未预期盈余交互项的系数均不显著；第（4）列是对未更换CFO的分组样本进行回归的结果，季度与未预期盈余的交互项的系数均为负，其中UE×$QUARTER_1$上的系数在1%的水平上显著。以上结果说明，更换CFO的非违规企业的盈余反应系

数并未较违规事件前有显著变化，与前述预期相符。

5.4 本章小结

本书研究的逻辑框架是“会计信息的声誉传染效应是否存在→作用机制→应对措施→经济后果”。本章考察的是逻辑框架中的第三个环节，即会计信息声誉传染效应的应对措施。具体来说，本章从审计师变更的角度对这一问题进行了探讨。

首先，本章利用手工收集的企业集团信息，将存在信息披露违规行为的企业集团内的非违规成员企业作为研究样本，并为每一个非违规成员企业匹配一个隶属于某一企业集团、但该集团从未发生信息披露违规的上市公司为对照组。研究发现，与对照组相比，发生违规后，非违规成员企业更倾向于更换审计师，而且非违规成员企业更可能被审计师出具非标审计意见。这一结果说明，在违规行为发生后，非违规成员企业可能通过更换审计师的措施来向资本市场传达其努力提升会计信息质量的信号，以期缓解负面声誉传染效应的影响。

其次，本章考察了更换审计师的行为能否缓解会计信息的负面声誉传染效应。研究发现，采取更换审计师的措施后，与违规事件前一个季度相比，非违规成员企业在违规事件后四个季度的盈余反应系数均没有发生显著降低，说明更换审计师的措施缓解了会计信息的声誉传染效应，帮助企业挽回了投资者的信任。进一步分析发现，更换CFO的非违规成员企业也没有受到企业集团内的信息披露违规行为的负面影响，表现为其之后各季度的盈余反应系数也并没有发生显著降低。

本章的研究结论提供了重要的理论价值和实践意义。在理论层面，首先，研究发现，不仅违规企业更容易更换审计师，在违规发生后，同一企业集团内的非违规成员企业也更可能更换审计师，丰富了审计师变更领域的研究。其次，审计风险影响审计意见，本章发现影响审计风险的因素不仅来自企业的内部或外部环境，还可能来自所隶属的企业集团，拓展了审计意见影响因素的研究。最后，本章不仅探讨了企业集团内会计信息的声誉传染效应，更进一步考察了挽回声誉的有效措施，既弥补了会计信息声誉研究领域的空白，也拓展了这一领域的研究深度。在实践层面，本章的研究结论为如何有效缓解企业集团内部负面事件的风险外溢程度提供了有益启示。当企业集团内的一家企业发生信息披露违规等负面事件时，非违规成员企业可以采取有针对的措施，包括但不限于更换审计师或更换CFO，使本企业会计信息的声誉避免受到企业集团内的违规事件的负面影响。

第6章　会计信息声誉传染效应与企业价值

6.1　引言

本书前述研究发现，某一家企业的信息披露违规行为导致了企业集团内非违规成员企业会计信息的声誉受损，在这一部分，本章将继续考察非违规企业的声誉损失对其企业价值或股东财富的影响，即上述会计信息的声誉传染效应在企业价值或股东财富层面的经济后果。本书的行文思路是按照“会计信息的声誉传染效应是否存在→作用机制→应对措施→经济后果”这一逻辑框架层层展开，本章将要考察的是上述逻辑框架中的最后一个问题：会计信息声誉传染效应的经济后果。

使用手工整理上市公司隶属于企业集团的信息，本章以信息披露违规为切入点，考察非违规企业的声誉受损后其股东财富的变化。本章研究发现，在违规公告的短时间窗口内，企业集团内的非违规成员企业有显著为负的市场反应，而且这一市场反应与违规成员企业在同一时间窗口内的市场反应显著正相关，说明违规事件导致了非违规成员企业的企业价值受损，而且违规行为越严重，非违规成员企业的企业价值受损越严重。由此可见，非违规成员企业会计信息声誉的损失最终体现为其股东财富的损失。

在进一步分析中，首先，违规事件所引起的非违规成员企业的市场反应程度将随着非违规成员企业和违规成员企业之间经济联系的紧密程度而变化。本章使用非违规成员企业和违规成员企业之间基本面信息（ROA和ROE）相关系数的绝对值和股票收益相关系数的绝对值来衡量经济联系的紧密程度，研究发现非违规企业和违规企业之间的经济联系越紧密，两者市场反应层面的正相关关系越强。

其次，违规事件所引起的非违规成员企业有显著为负的市场反应，其原因可能是非违规成员企业未来经济前景的改变。例如，企业集团内的一家企业受到违规处罚会让投资者认为非违规成员企业未来可能面临较低的盈余和现金流。本章的分析排除了这一替代性假说。具体而言，在相同的时间窗口内，非违规成员企业分析师预测修正与违规成员企业的市场反应无关，说明是声誉的受损而非是经济前景的改变导致了非违规成员企业显著为负的市场反应。

最后，本章还对非违规企业的股票交易量进行考察。研究发现，在违规公告的短时间窗口内，违规企业市场反应的绝对值越大，非违规企业的超额股票交易量越大，这一结果更进一步描绘了声誉传染效应在股票交易量层面引发的经济后果。

在稳健性检验中，更换计算超额收益的时间窗口后，本章的结论仍然不变。在对股权性质的检验中，本章发现国有企业和非国有企业在企业价值的损失上并未有显著差异，说明声誉损失的传染效应是通过企业集团控制链进行传播的，与企业集团的股权性质无关。

本章的研究主要提供了以下四个方面的贡献。第一，本章的研究补充了价值相关性的文献。目前，在对企业集团的成员企业价值相关性的研究中，现有研究探讨了财务重述对企业集团内非重述企业股票价格的影响（赵艳秉和李青原，2016），尚未有研究考察信息披露违规是否也会影响同一企业集团内非违规成员企业的股票价格，本章的研究为这一问题提供了解答。

第二，本章的研究不仅证实了违规事件导致了企业集团内非违规成员企业股票价格的下降，还进一步证实了非违规成员企业在违规公告期间的市场反应与违规企业的市场反应显著正相关，而且前者占后者的比例约为11.84%，丰富了传染效应在企业集团领域的研究。

第三，本章的研究结论为公司违规的相关文献提供了新的视角，尤其是对企业集团内部违规事件的相关研究。本章研究发现违规事件不但会导致违规企业股东财富的损失，还把这一负面市场效应扩散给了企业集团内的其他成员企业，导致其他成员企业的股东财富受损。

第四，本章的研究结论有助于我们理解企业集团形成的原因和经济后果。众多研究认为，企业集团内部复杂的股权结构为控股股东的掏空行为提供了机会（Bae等，2002；Bertrand等，2002；申明浩，2008；邵军和刘志远，2008；Jiang等，2010）。本章的证据表明，当企业集团边界扩大时，违规活动的预期成本也会随之增加，因此成本和效益之间的权衡使得企业集团成为一种均衡的组织形态。

本章剩余部分的安排如下：6.2节为研究假设的提出；6.3节为研究设计，包括数据来源、变量定义与实证模型；6.4节为实证结果分析，包括样本分布和描述性统计、相关性分析、单变量分析和回归结果；6.5节为进一步分析，分别检验了经济联系、经济前景和股票交易量与传染效应的关系；6.6节为稳健性检验，包括更换时间窗口和对股权性质的检验；6.7节为本章小结。

6.2 研究假设

企业并不是独立存在的，某一企业的不诚实行为会通过经济联系或社会结构而对其他相关企业产生影响（张维迎，2013）。正如本书第3章所证实的，一家企业的信息披露违规行为，会削弱投资者对同一企业集团内的非违规成员企业会计信息的信任，造成非违规成员企业会计信息的声誉受损。

声誉损失往往最终体现在企业价值的损失上。Alexander（1999）指出，企业的违规行为会降低股东财富，其中大部分股东财富的损失是声誉损失造成的。Karpoff等（2008）检验了因财务报告虚假陈述而受到SEC处罚的上市公司，发现企业在披露这些违规行为时损失了38%的市场价值，而在全部损失中，66.42%的损失是声誉损失。Gleason等（2008）的研究发现，一家企业发生财务重述后，投资者对同行业内其他企业的会计信息质量也产生了怀疑，这一声誉的损失导致在重述公告期间行业内其他非重述企业股票价格的降低。周泽将和刘中燕（2015）研究了独立董事违规处罚事件，指出独立董事受到监管部门的处罚意味着其声誉受损，而这一声誉损失进一步损害了其任职公司的企业价值。鉴于此，本章预期企业集团内的非违规成员企业会计信息声誉的损失将对其企业价值造成损害，表现为在信息披露违规公告期间，非违规成员企业的市场反应显著为负，据此提出假设6-1。

假设6-1：在违规公告期间，非违规成员企业有平均显著为负的市场反应。

由于本章预期非违规企业这一显著为负的市场反应是由企业集团内的违规事件引起的，因此违规信息含量越高或违规事件越严重，那么非违规成员企业的市场反应越强烈。对违规严重程度的衡量一般有两种方式：一是根据违规类型或处罚类型区分违规行为的严重程度（陈工孟和高宁，2005；Chen等，2011）；二是根据投资者的损失来划分（Palmrose，2004；Hennes等，2008；Wilson，2008；杨玉凤等，2008；Chen等，2011）。Chen等（2011）指出投资者损失是比违规类型更为客观地区分违规严重程度的标准。鉴于此，本章在此使用违规企业在公告期间的市场反应来衡量违规事件的严重程度和违规信息含量，并预期违规事件越严重，非违规企业的股票价格越低，据此提出假设6-2。

假设6-2：在违规公告期间，非违规企业与违规企业的市场反应显著正相关。

6.3 研究设计

6.3.1 数据来源

基于手工整理的企业集团数据，本章选取2007—2014年全部A股上市公司为样本。我国于2007年实施了新的会计准则，以2007年为起点可以避免本章的分析受到准则变动的影响，并保证会计指标定义的一致性。由于本章变量的计算并不需要使用滞后期数据，因此本章样本选择的起点为2007年。以2014年为样本选择终点的原因是，2015年8月，中共中央、国务院印发了《关于深化国有企业改革的指导意见》，鼓励国有企业集团改革重组和股权多元化，国有企业集团边界的不稳定性和企业集团内成员企业的不确定性都会对本章的研究产生干扰作用。

在手工整理企业集团资料的过程中，对于国有企业集团，本书仅追溯至国务院国资委、地方国资委等政府部门所控制的一级单位。本书对企业集团的定义与伍利娜等（2012）、王春飞等（2013）和甄红线等（2015）的研究一致。

针对信息披露违规的界定，伍利娜和高强（2002）认为上市公司信息披露违规是对信息的操纵和滥用，如披露虚假财务报表、传播虚假信息、更改交易记录等行为。借鉴这一观点，并根据国泰安数据库中对违规类型的分类，本章所研究的信息披露违规包括虚构利润、虚列资产、虚假记载（误导性陈述）、重大遗漏、披露不实和一般会计处理不当。

除手工整理的数据外，本章使用的其他数据均来源于国泰安（CSMAR）数据库。由于本章主要考察的是违规公告［-2，+2］期间共5天的市场反应，因此仅选取违规公告的日期与违规处罚文件签发的日期之间相差不超过5天的违规处罚事件。其原因有以下两点：首先，上市公司拟进行非公开发行股票时，需要强制披露公司最近5年被证券监管部门和交易所采取监管措施或处罚的情况，因此企业披露的违规事件可能是以前存在的行为，并不是近期实际发生的违规事件，这时违规公告日远远晚于违规文件签发日；其次，根据张宗新等（2005）、蔡宁（2012）、薛健和窦超（2015）等的研究，发现我国资本市场普遍存在内幕交易和信息泄露现象，当文件签订日早于公告日时，极易引发信息的提前泄露，从而导致股票价格在公告日之前就有所反应，低估公告期间的市场反应。因此，为排除企业披露的是历史违规事件这一可能，同时避免因信息的提前泄露而对本章的研究结论造成低估的影响，本章仅选取违规公告日和文件签发日之间相差不超过5天的违规事件。最后，本章还剔除了金融业企业和缺失值，最终得到421个非违规企业观测值。

6.3.2 变量定义与实证模型

在违规公告期间，采用非违规企业的累积超额收益率来衡量其市场反应，具体为非违规企业在违规公告日［-2，+2］时间窗口内经市场调整的累积超额收益，记为变量CAR。根据假设6-1，本章预期CAR的均值应显著为负。

根据假设6-2的预期，违规信息含量越高或违规严重程度越高，非违规企业的市场反应越强烈。为验证这一假设，本章借鉴Aggarwal等（2014）、Chen等（2011）的研究，构建违规企业在违规公告［-2，+2］期间的市场反应，记为Fraud CAR，来衡量违规行为的严重程度。Fraud CAR越低，说明违规行为引起的违规企业负面市场反应越强烈，违规行为越严重。在实证分析中，为缓解连续变量可能包含的噪声，也使回归结果可以得到更好的解释，本章将Fraud CAR进行五分位处理，记为变量Rank Fraud CAR，将其赋值为数值1~5[①]。

为检验假设6-2，本章构建如下模型：

$$CAR_{i,t} = \alpha_0 + \alpha_1 Rank\ Fraud\ CAR_{i,t} + \alpha_2 SCALE_{i,t} + \alpha_3 MTB_{i,t} + \alpha_4 LEV_{i,t} + \alpha_5 LOSS_{i,t} + \alpha_6 ROA_{i,t} + \alpha_7 ST_{i,t} + Industry + Year + \varepsilon_{i,t} \quad (6.1)$$

其中，CAR为非违规企业的市场反应，Rank Fraud CAR代表违规企业的市场反应，本章预期系数α_1应显著为正。在具体回归中，本章还构建了变量CAR Delay，为非违规企业在违规公告［+3，+30］时间窗口内经市场收益调整的累积超额收益，将其代替变量CAR作为被解释变量，可以进一步检验违规企业的市场反应Rank Fraud CAR与非违规企业滞后期的市场反应CAR Delay之间是否也存在显著的相关关系。

本章还控制了其他可能影响非违规企业市场反应的变量。具体来说，SCALE代表企业规模，用非违规企业的权益市值取自然对数来计算；MTB为市账比，用总资产的市值除以账面价值来计算，其中总资产的市值等于股权的市场价值加上债权的账面价值；LEV是资产负债率；LOSS为是否亏损的虚拟变量，当企业净利润为负时，LOSS取1，否则LOSS取0；ROA为净利润除以总资产的值；ST为是否受到特别处

① 为保证实证结果的稳健性，本章也使用连续变量进行回归分析。

理的虚拟变量，当企业受到特别处理时，ST取1，否则ST取0。本章还控制了年度效应和行业效应，并使用了企业层面的聚类稳健标准误。其主要变量的定义列示在表6-1中。

表6-1 **主要变量定义**

变量	变量定义
CAR	非违规企业在违规公告［-2，+2］期间经市场调整的累积超额收益
CAR Delay	非违规企业在违规公告［+3，+30］期间经市场调整的累积超额收益
Fraud CAR	违规企业在违规公告［-2，+2］期间经市场调整的累积超额收益
Rank Fraud CAR	变量Fraud CAR的五分位处理
SCALE	企业规模，市值取自然对数
MTB	市账比，总资产市值除以账面价值
LEV	资产负债率，总负债除以总资产
LOSS	是否亏损的虚拟变量，当净利润小于零时，LOSS取1，否则LOSS取0
ROA	盈利能力，净利润除以总资产
ST	是否受到特别处理的虚拟变量，当企业被特别处理时，ST取1，否则ST取0
Volume	异常股票交易量，非违规企业在违规公告［-2，+2］期间的平均股票交易量除以违规公告前［-120，-21］期间的平均股票交易量
Revision	分析师预测修正，非违规企业的分析师在违规公告［-2，+2］期间发布的每股收益预测值减去该分析师在这之前最近的每股收益预测值，再除以违规公告前第3天的收盘价

6.4 实证结果分析

6.4.1 样本分布和描述性统计

根据2012年证监会的行业分类标准，表6-2的Panel A报告了样本的行业分布情况。可以看出，本章研究所用到的421个观测值以一定的行业集中度分布在不同的行业，其中，制造业企业是样本的主要组成部分。本章按照行业分类代码的前两位将制造业分为了四类。表6-2的Panel B是样本的年度分布情况，可以看出，2013年具有最多的观测值。

表6-2的Panel C报告了主要变量的描述性统计。在违规公告日［-2，+2］的时间窗口内，非违规企业的市场反应CAR的均值为-0.009，中位数为-0.010，标准差为0.054，最小值为-0.158，最大值为0.155。在违规公告日［+3，+30］的时间窗口内，非违规企业的累积超额收益CAR Delay的均值为0.020，中位数为0.005，均大于变量CAR的均值和中位数。

违规企业的累积超额收益Fraud CAR的均值为-0.012，中位数为-0.026，标准差为0.072，最小值为-0.208，最大值为0.167。与现有文献一致，本章发现并非所有违规企业在违规公告日的市场反应都为负（陈工孟和高宁，2005；Hennes等，2008；Wu和Gao，2002）。不严重的违规可能导致并不显著为负的市场反应，披露违规信息的同时公布整改措施则可能会引起正向的市场反应。例如，2014年6月26日，中电远达（股票代码600292）同时公布了违规行为和相对应的整改报告，在［-2，+2］时间窗口内其经市场调整的累积超额收益为2.36%，可以说整改措施在一定程度上可以完善公司治理和提高会计信息质量，从而导致了正向的市场反应。违规事件在信息含量上的这种差异可以使本章更好地识别传染效应。

对于主要控制变量，SCALE的均值为22.291，中位数为22.163，最小值为20.699，最大值为25.063。MTB的均值为2.151，中位数为1.936，最小值为0.920，最大值为6.092。LEV的均值为0.543，中位数为0.559，最小值为0.094，最大值为1.033。LOSS的均值为0.154，说明样本中约有15.40%的观测值盈余为负。ROA的均值为0.024，中位数为0.024，最小值为-0.268，最大值为0.157。此外，ST的均值为0.055，说明样本中约有5.50%的观测值受到了特别处理。

表6-2 **样本分布与描述性统计**

Panel A：行业分布

行业代码	行业名称	观测值
A	农、林、牧、渔业	23
B	采矿业	8
C1	制造业	33
C2		115
C3		159
C4		1
D	电力、热力、燃气及水生产和供应业	21
E	建筑业	12
F	批发和零售业	18
G	交通运输、仓储和邮政业	2
H	住宿和餐饮业	1
I	信息传输、软件和信息技术服务业	7
K	房地产业	11
L	租赁和商务服务业	4
N	水利、环境和公共设施管理业	1
O	居民服务、修理和其他服务业	1
S	公共管理、社会保障和社会组织	4

Panel B：年度分布

年份	观测值
2007	43
2008	25
2009	56
2010	21
2011	63
2012	67
2013	88
2014	58
Total	421

续表

Panel C：描述性统计						
变量	观测值	均值	中位数	标准差	最小值	最大值
CAR	421	-0.009	-0.010	0.054	-0.158	0.155
CAR Delay	421	0.020	0.005	0.121	-0.254	0.439
Fraud CAR	421	-0.012	-0.026	0.072	-0.208	0.167
Rank Fraud CAR	421	2.995	3.000	1.418	1.000	5.000
SCALE	421	22.291	22.163	0.916	20.699	25.063
MTB	421	2.151	1.936	1.091	0.920	6.092
LEV	421	0.543	0.559	0.196	0.094	1.033
LOSS	421	0.154	0.000	0.362	0.000	1.000
ROA	421	0.024	0.024	0.057	-0.268	0.157
ST	421	0.055	0.000	0.228	0.000	1.000
Volume	421	1.044	0.828	0.779	0.171	4.016
Revision	421	0.000	0.000	0.004	-0.037	0.032

注：所有连续变量进行了1%和99%分位数的缩尾处理。

6.4.2 相关性分析

表6-3是主要变量的相关性分析，其中上三角为Spearman相关系数，下三角为Pearson相关系数。本章主要关注的是非违规企业在处罚公告［-2，+2］时间窗口内的市场反应CAR与违规企业在此期间的市场反应Fraud CAR和Rank Fraud CAR之间的关系。由表6-3可以看出，CAR与Fraud CAR的Spearman相关系数为0.121，Pearson相关系数为0.137，并分别在5%和1%的水平上显著为正；CAR与Rank Fraud CAR的Spearman相关系数为0.118，Pearson相关系数为0.123，并分别在5%的水平上显著为正。这样的结果说明在违规处罚公告期间，非违规企业与违规企业在市场反应上有显著的正相关关系，在一定程度上支持了本章假设6-2的预期。此外，非违规企业滞后期的市场反应CAR Delay与违规企业的市场反应Fraud CAR和Rank Fraud CAR之间的相关系数均为正，但并不具有统计上的显著性。

表6-3 **相关性分析**

VARIABLES		CAR	CAR Delay	Fraud CAR	Rank Fraud CAR	SCALE	MTB	LEV	LOSS	ROA	ST	Volume	Revision
		(1)	(2)	(3)	(4)	(5)	(6)	(7)	(8)	(9)	(10)	(11)	(12)
CAR	(1)	1	-0.127***	0.121**	0.118**	0.031	-0.006	-0.031	-0.015	0.033	-0.020	0.159***	-0.066
CAR Delay	(2)	-0.099**	1	0.062	0.054	0.006	0.038	-0.004	-0.008	0.076	0.038	-0.069	-0.067
Fraud CAR	(3)	0.137***	0.099**	1	0.979***	0.084*	0.036	-0.011	-0.114**	0.010**	-0.032	0.085	0.019
Rank Fraud CAR	(4)	0.123**	0.073	0.895***	1	0.092**	0.0401	-0.024	-0.119**	0.104**	-0.044	0.090*	0.025
SCALE	(5)	0.018	0.007	0.071	0.090*	1	0.058	-0.002	-0.282***	0.399***	-0.191***	0.088*	-0.023
MTB	(6)	0.012	0.097**	0.112**	0.073	0.063	1	-0.427***	-0.023	0.275***	0.031	0.153***	0.093*
LEV	(7)	-0.027	0.020	-0.001	-0.037	0.010	-0.383***	1	0.199***	-0.403***	0.146***	-0.010	-0.008
LOSS	(8)	-0.021	0.001	-0.088*	-0.119**	-0.250***	-0.036	0.233***	1	-0.626***	0.216***	-0.062	-0.010
ROA	(9)	0.010	0.011	0.059	0.083*	0.356***	0.120**	-0.452***	-0.674***	1	-0.243***	0.060	0.016
ST	(10)	-0.037	0.038	0.006	-0.044	-0.180***	0.074	0.170***	0.216***	-0.328***	1	-0.084*	0.032
Volume	(11)	0.251***	-0.060	0.097	0.080	0.062	0.070	-0.008	-0.047	0.018	-0.092**	1	-0.016
Revision	(12)	-0.079	-0.046	0.0350	0.048	0.003	0.079	-0.050	-0.021	0.012	0.027	0.019	1

注：所有连续变量进行了1%和99%分位数的缩尾处理。

对于其他变量，非违规企业的市场反应CAR与相同时间窗口内的股票异常交易量Volume显著正相关，与理论相符。本章的研究不存在严重的多重共线性问题。

6.4.3 单变量分析

在进行单变量分析之前，本章先对违规企业和非违规企业的市场反应趋势进行分析，并绘制出两家企业在违规公告［-60，+60］窗口期的累积超额收益趋势图（如图6-1所示）。其中横轴为违规公告前后的天数，纵轴为违规企业和非违规企业累积超额收益的中位数。

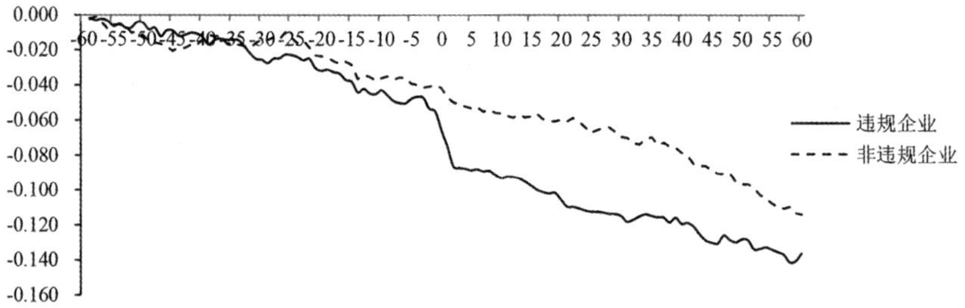

图6-1 累积超额收益趋势图

可以看出，在［-60，+60］这样一个长窗口期内，违规企业和集团内非违规企业的股价均存在一致的负面反应，且两者的长期股价趋势相似，在一定程度上支持了本章假设6-1的预期。更为重要的是，在市场得知集团内企业发生信息披露违规的短时间窗口内，两者的股价反应更为剧烈和明显。因此，本章选取［-2，+2］短窗口期的累积超额收益来度量违规造成的市场反应具有一定的合理性。

在单变量检验中，首先，本章对违规企业的市场反应Fraud CAR和非违规企业在同一时间窗口内的市场反应CAR进行T检验，对假设6-1进行验证。表6-4的Panel A列示了T检验的结果。由Panel A可以看出，违规企业的市场反应Fraud CAR的均值为-0.012，并在1%的水平上显著为负（t=-3.305；p=0.001），说明信息披露违规事件使得违规企业自身的股票价格降低；非违规企业的市场反应CAR的均值为-0.009，大于违规企业的市场反应CAR的均值-0.012，但也在1%的水平上显著为负（t=-3.303；p=0.001）。这一结果说明信息披露违规不仅损害了违规企业的股东财富，也导致了非违规企业股东财富的降低，证实了假设6-1的预期。

表6-4 **单变量分析**

Panel A：对市场反应的T检验					
		CAR［-2，+2］			
	观测值	均值	标准差	T-Test	
				t-stat	p-stat
Fraud CAR	421	-0.012	0.072	-3.305	0.001
CAR	421	-0.009	0.054	-3.303	0.001

Panel B：非违规企业市场反应占违规企业市场反应的比例			
Rank Fraud CAR	Fraud CAR	CAR	CAR Delay
1（low return）	-10.513%	-1.952%	0.716%
2	-4.149%	-0.826%	1.772%
3	-1.902%	-1.078%	1.259%
4	1.218%	-0.914%	2.950%
5（high return）	9.635%	0.433%	3.227%
Diff.（Rank 5- Rank 1）	20.148%	2.385%	2.511%
t-stat	（29.55）	（2.60）	（1.42）

注：所有连续变量进行了1%和99%分位数的缩尾处理。

其次，本章通过单变量分析来考察违规公告期间非违规企业股东财富的变化占违规企业股东财富变化的比例。本章按照违规企业的市场反应Fraud CAR从低到高的顺序，依次将样本分为五组，表6-4Panel B的第1列报告了这五个分组中Fraud CAR的均值。根据分组的原理，从第1组至第5组，违规企业的市场反应Fraud CAR是逐渐增加的。具体地，在第1组中，违规企业在［-2，+2］窗口期的股东财富平均降低了10.513%，而在第5组中，其股东财富平均增加了9.635%。正如本章之前所讨论的，违规企业在市场反应方面有如此大的差异，其原因是多方面的，比如违规的严重程度以及披露违规事件的同时公布整改措施等，均会对股票价格的波动产生影响。

表6-4Panel B的第（2）列报告了在上述五个分组中，非违规企业在违规公告［-2，+2］期间市场反应CAR的均值。可以看出，非违规企业市场反应的变化规律与违规企业相似，第1组中CAR的均值最低，为-1.952%，而在第5组中，CAR的均值骤升至0.433%。将第（1）列和第（2）列结合起来，对于违规企业而言，第1组与第5组的市场反应的差异为20.148%（t=-29.55），对于非违规企业而言，第1组与第5组的市场反应的差异为2.385%（t=-2.60），后者占前者的比例约为11.837%（2.385/20.148），说明在违规公告日［-2，+2］的时间窗口内，非违规企业股东财富的变动约占违规企业股东财富变动的11.837%。Lang和Stulz（1992）研究发现，当行业内一家企业宣布破产时，同行业内其他非破产企业的市场反应约占破产企业市场反应的4%。与之相对比，11.837%是一个相当大的比例，说明集团内企业之间比同行业企业之间存在更强的传染效应。

最后，本章还考察了非违规企业在违规公告［+3，+30］期间的市场反应CAR Delay，可以看出，第1组和第5组的CAR Delay并无显著差异（t=1.42），说明集团内市场反应层面的传染效应并没有延迟发生。

6.4.4 回归结果

为进一步验证假设6-2，本章对模型（6.1）进行回归，表6-5的第（1）列报告了模型（6.1）的回归结果。变量Rank Fraud CAR是对违规企业在［-2，+2］期间的市场反应进行的五分位数处理，衡量违规事件的信息含量和严重程度，该变量上的系数为0.006（t=2.39），且在5%的水平上显著，说明非违规企业的市场反应与违规企业的市场反应显著正相关，证实了假设6-2。

在经济意义上，当违规行为每导致违规企业的股东财富降低1%，非违规企业的股东财富平均将降低0.600%，那么从信息含量最低的第1组到信息含量最高的第5组，非违规企业的市场反应平均将增加2.400%（0.600%×4），占违规企业市场反应变化的比例为11.912%（2.400%/20.148%），与单变量检验的11.837%相近。

表6-5的第（2）列是以非违规企业［+3，+30］期间的市场反应为被

解释变量进行的回归。可以看出，违规企业市场反应的五分位数Rank Fraud CAR上的系数为正，但并不具有统计上的显著性（估计值=0.006；t=1.28），说明声誉受损所导致的负面市场反应并不存在于滞后期的时间窗口内。

为保证实证结果的稳健性，本章还将违规企业市场反应的连续变量Fraud CAR代替五分位数变量Rank Fraud CAR作为解释变量对模型（6.1）进行回归，回归结果列示在表6-5的第（3）列和第（4）列中。用连续变量进行回归的结果与前述第（1）列和第（2）列的结果相似，当被解释变量为CAR时（第（3）列），Fraud CAR上的系数显著为正，并在1%的水平上显著，再次验证了本章假设6-2的预期。

表6-5 **市场反应与传染效应**

VARIABLES	Dep.Var=			
	CAR	CAR Delay	CAR	CAR Delay
	(1)	(2)	(3)	(4)
Rank Fraud CAR	0.006** (2.39)	0.006 (1.28)		
Fraud CAR			0.132** (2.39)	0.132 (1.42)
SCALE	0.003 (0.86)	0.001 (0.19)	0.003 (0.89)	0.002 (0.20)
MTB	-0.001 (-0.25)	0.023*** (2.69)	-0.001 (-0.36)	0.023*** (2.66)
LEV	-0.014 (-0.74)	0.094** (2.16)	-0.018 (-0.95)	0.090** (2.07)
LOSS	-0.009 (-1.01)	-0.009 (-0.42)	-0.009 (-1.08)	-0.010 (-0.43)
ROA	-0.051 (-0.69)	0.065 (0.40)	-0.058 (-0.79)	0.059 (0.36)
ST	-0.016 (-1.48)	0.008 (0.30)	-0.017 (-1.62)	0.006 (0.24)
Constant	-0.083 (-1.11)	-0.139 (-0.78)	-0.065 (-0.88)	-0.121 (-0.68)
Industry Effects	Yes	Yes	Yes	Yes
Year Effects	Yes	Yes	Yes	Yes
Observations	421	421	421	421
R-squared	0.083	0.105	0.090	0.107

注：（1）使用企业层面聚类稳健标准误；（2）所有连续变量进行1%和99%分位数的缩尾处理；（3）括号内为t值；（4）***、**、*分别表示在1%、5%和10%的水平上显著（双尾检验）。

6.5 进一步分析

6.5.1 经济联系与传染效应

根据本章前述分析，集团内一家企业的违规行为将导致非违规企业的股票价格发生相同方向的波动，产生市场反应层面的传染效应。那么，非违规企业与违规企业之间的经济联系越紧密，上述非违规企业与违规企业在市场反应上的敏感性就越强。对于经济联系的紧密程度，本章分别使用两家企业的总资产收益率（ROA）、净资产收益率（ROE）和月度股票收益率（RET）之间相关系数的绝对值来衡量。之所以使用绝对值来衡量经济联系，是考虑到某些关联方交易将利润从一个企业转移到另一个企业，从而使得两家成员企业之间呈现出相反的业绩相关性。

为检验经济联系对传染效应的影响，本章构建如下三个模型：

$$\begin{aligned} CAR_{i,t} = {} & \alpha_0 + \alpha_1 Rank\ Fraud\ CAR_{i,t} + \alpha_2 Rank\ Fraud\ CAR_{i,t} \times Abs\ Corr\ ROA_{i,t} \\ & + \alpha_3 Abs\ Corr\ ROA_{i,t} + \alpha_4 SCALE_{i,t} + \alpha_5 MTB_{i,t} + \alpha_6 LEV_{i,t} + \alpha_7 LOSS_{i,t} \\ & + \alpha_8 ROA_{i,t} + \alpha_9 ST_{i,t} + Industry + Year + \varepsilon_{i,t} \end{aligned} \tag{6.2}$$

$$\begin{aligned} CAR_{i,t} = {} & \alpha_0 + \alpha_1 Rank\ Fraud\ CAR_{i,t} + \alpha_2 Rank\ Fraud\ CAR_{i,t} \times Abs\ Corr\ ROE_{i,t} \\ & + \alpha_3 Abs\ Corr\ ROE_{i,t} + \alpha_4 SCALE_{i,t} + \alpha_5 MTB_{i,t} + \alpha_6 LEV_{i,t} + \alpha_7 LOSS_{i,t} \\ & + \alpha_8 ROA_{i,t} + \alpha_9 ST_{i,t} + Industry + Year + \varepsilon_{i,t} \end{aligned} \tag{6.3}$$

$$\begin{aligned} CAR_{i,t} = {} & \alpha_0 + \alpha_1 Rank\ Fraud\ CAR_{i,t} + \alpha_2 Rank\ Fraud\ CAR_{i,t} \times Abs\ Corr\ RET_{i,t} \\ & + \alpha_3 Abs\ Corr\ RET_{i,t} + \alpha_4 SCALE_{i,t} + \alpha_5 MTB_{i,t} + \alpha_6 LEV_{i,t} + \alpha_7 LOSS_{i,t} \\ & + \alpha_8 ROA_{i,t} + \alpha_9 ST_{i,t} + Industry + Year + \varepsilon_{i,t} \end{aligned} \tag{6.4}$$

在上述模型中，Abs Corr ROA、Abs Corr ROE和Abs Corr RET分别代表两家企业经济联系的紧密程度，Abs Corr ROA为非违规企业和违规企业在违规公告前12个季度的ROA的相关系数的绝对值，Abs Corr ROE为非违规企业和违规企业在违规公告前12个季度的ROE的相关系数的绝对值，Abs Corr RET为非违规企业和违规企业在违规公告前36个月的月度股票收益率的相关系数的绝对值。其他变量的含义与前述一致。

表6-6报告了这部分的回归结果。在表6-6的第（1）列中，交互

项Rank Fraud CAR×Abs Corr ROA的系数显著为正（估计值=0.015，t=2.48），说明非违规企业与违规企业ROA的相关系数的绝对值越大，两者市场反应层面的敏感性越强，即传染效应越强。同理，第（2）列中，交互项Rank Fraud CAR×Abs Corr ROE上的系数为0.014，在5%的水平上显著为正（t=2.17）；第（3）列中，交互项Rank Fraud CAR×Abs Corr RET上的系数为0.017，但显著性较弱（t=1.64）。这些结果说明，非违规企业和违规企业的经济联系越紧密，两家企业之间市场反应的敏感性越强，集团内违规事件的传染效应越强。

表6-6　　　　**经济联系与传染效应**

VARIABLES	Dep.Var=CAR		
	(1)	(2)	(3)
Rank Fraud CAR	−0.002 (−0.39)	−0.001 (−0.12)	−0.003 (−0.54)
Rank Fraud CAR×Abs Corr ROA	0.015** (2.48)		
Abs Corr ROA	−0.053** (−2.60)		
Rank Fraud CAR×Abs Corr ROE		0.014** (2.17)	
Abs Corr ROE		−0.050** (−2.48)	
Rank Fraud CAR×Abs Corr RET			0.017 (1.64)
Abs Corr RET			−0.063* (−1.96)
SCALE	0.003 (0.93)	0.003 (0.93)	0.003 (0.78)
MTB	−0.001 (−0.31)	−0.001 (−0.32)	−0.001 (−0.25)

续表

VARIABLES	Dep.Var=CAR		
	(1)	(2)	(3)
LEV	-0.017 (-0.86)	-0.018 (-0.92)	-0.014 (-0.73)
LOSS	-0.008 (-0.99)	-0.008 (-1.00)	-0.008 (-0.88)
ROA	-0.050 (-0.67)	-0.055 (-0.73)	-0.046 (-0.61)
ST	-0.015 (-1.48)	-0.017 (-1.55)	-0.016 (-1.51)
Constant	-0.059 (-0.80)	-0.059 (-0.78)	-0.042 (-0.53)
Industry Effects	Yes	Yes	Yes
Year Effects	Yes	Yes	Yes
Observations	421	421	421
R-squared	0.097	0.095	0.090

注：（1）使用企业层面聚类稳健标准误；（2）所有连续变量进行1%和99%分位数的缩尾处理；（3）括号内为t值；（4）***、**、*分别表示在1%、5%和10%的水平上显著（双尾检验）。

6.5.2 经济前景与传染效应

本章前述分析指出，集团内一家企业的信息披露违规处罚事件将损害非违规成员企业会计信息的声誉，而这一声誉损失最终将导致非违规企业股东财富的降低，具体表现为在违规公告的短时间窗口内，非违规企业有显著为负的市场反应，而且这一市场反应的高低可以由违规事件的信息含量来解释。

然而，投资者对非违规企业经济前景预期的改变也可能是导致其股票价格发生改变的原因，即信息披露违规处罚事件影响了资本市场对非违规企业经济前景的预期，进而导致了股票价格的波动。例如，由于集团内信息披露违规事件的发生，投资者可能会预期非违规企业未来面临较低的盈余和现金流，因此投资者预期的改变导致了非违规企业股票价格的下跌。在此，本章对“违规事件导致了投资者对非违规企业经济前景的改变”这一替代性假说进行排除。

如果资本市场中的投资者由于集团内的信息披露违规事件而改变了对非违规企业前景的看法，那么在违规事件发生的窗口期，分析师预测修正应与违规事件的信息含量正相关。本章构建分析师预测修正的变量Revision，用违规公告［-2，+2］期间分析师发布的对非违规企业每股收益的最新预测值减去同一分析师在此时间窗口期之前发布的每股收益预测值，再除以事件前第3天的股价计算（Huang和Zhang，2011）。如果非违规企业在［-2，+2］期间有多个分析师预测修正值，本章取其均值来计算变量Revision。接下来，本章构建模型（6.5）进行估计：

$$
\begin{aligned}
Revision_{i,t} = {} & \alpha_0 + \alpha_1 Rank\ Fraud\ CAR_{i,t} + \alpha_2 SCALE_{i,t} + \alpha_3 MTB_{i,t} + \alpha_4 LEV_{i,t} \\
& + \alpha_5 LOSS_{i,t} + \alpha_6 ROA_{i,t} + \alpha_7 ST_{i,t} + \alpha_8 Ln(Numest)_{i,t} + \alpha_9 AGE_{i,t} \\
& + \alpha_{10} INST_{i,t} + Industry + Year + \varepsilon_{i,t} \qquad (6.5)
\end{aligned}
$$

模型（6.5）不仅包含了本章前述模型的控制变量，还包括了其他可能影响分析师预测修正的变量。其中，Ln（Numest）代表分析师规模，用处罚公告前非违规企业的分析师数量加（1）后取自然对数计算；AGE是企业年龄，由企业上市年数加1再取自然对数计算；INST为违规公告所在年初的机构投资者持股比例。

表6-7报告了这部分的回归结果。其中第（1）列的回归中仅包括了模型（6.1）中基本的控制变量，第（2）列则是对包含Ln（Numest）、AGE和INST这三个控制变量的模型（6.5）进行的回归。在这两列的回归中，变量Rank Fraud CAR上的系数均不显著，说明违规事件的信息含量与分析师预测的修正无关，违规信息的披露并未改变资本市场对集团内非违规企业经济前景的预期，因此排除了经济前景的改变导致股票价格波动这一假说。

表6-7 **经济前景与传染效应**

VARIABLES	Dep.Var=			
	Revision		CAR	
	(1)	(2)	(3)	(4)
Rank Fraud CAR	0.000	0.000	0.006**	0.006**
	(0.62)	(0.29)	(2.43)	(2.46)
SCALE	-0.000	0.000	0.003	0.001
	(-0.26)	(1.24)	(0.85)	(0.24)
MTB	0.000**	0.000*	-0.001	0.000
	(2.22)	(1.73)	(-0.16)	(0.04)
LEV	-0.001	-0.001	-0.015	-0.018
	(-0.60)	(-0.82)	(-0.76)	(-0.90)
LOSS	0.000	0.000	-0.008	-0.008
	(0.27)	(0.29)	(-0.97)	(-0.98)
ROA	-0.000	0.003	-0.051	-0.063
	(-0.00)	(0.64)	(-0.69)	(-0.82)
ST	0.001	0.000	-0.015	-0.015
	(1.45)	(0.64)	(-1.43)	(-1.40)
Ln (Numest)		-0.001**		0.003
		(-2.46)		(0.80)
AGE		0.000		0.005
		(0.49)		(0.87)
INST		0.000		-0.001
		(0.95)		(-0.11)
Revision			-0.926	-0.885
			(-1.31)	(-1.28)
Constant	-0.001	-0.012	-0.084	-0.052
	(-0.17)	(-1.37)	(-1.12)	(-0.64)
Industry Effects	Yes	Yes	Yes	Yes
Year Effects	Yes	Yes	Yes	Yes
Observations	421	420	421	420
R-squared	0.038	0.061	0.088	0.090

注：(1) 使用企业层面聚类稳健标准误；(2) 所有连续变量进行1%和99%分位数的缩尾处理；(3) 括号内为t值；(4) ***、**、*分别表示在1%、5%和10%的水平上显著（双尾检验）。

随后，为控制分析师预测信息对非违规企业股票价格的影响，本章将Revision这一变量加入到模型（6.1）中，对假设6-2进行再次验证。表6-7的第（3）列报告了这一结果，可以看出，Rank Fraud CAR上的系数仍显著为正。在模型中加入Ln（Numest）、AGE和INST这三个控制变量后，表6-7的第（4）列显示回归结果仍不变。这些结果进一步证实了非违规企业和违规企业在市场反应层面的传染效应。

6.5.3 股票交易量与传染效应

本章前面分析了在处罚公告期间，非违规企业和违规企业股东财富变化之间的关系，接下来，本部分将从股票交易量的角度，来考察违规事件对非违规企业股票交易量的影响。如果集团内的违规事件通过集团控制链也影响了非违规企业，那么本章预期在违规公告期间，非违规企业的异常股票交易量将随之增加。在实证分析中，构建模型（6.6）：

$$
\begin{aligned}
Volume_{i,t} = {} & \alpha_0 + \alpha_1 Rank\ Abs\ Fraud\ CAR_{i,t} + \alpha_2 SCALE_{i,t} + \alpha_3 MTB_{i,t} + \alpha_4 LEV_{i,t} \\
& + \alpha_5 LOSS_{i,t} + \alpha_6 ROA_{i,t} + \alpha_7 ST_{i,t} + \alpha_8 Ln(Numest)_{i,t} + a_9 Ln(Disp)_{i,t} \\
& + Industry + Year + \varepsilon_{i,t} \qquad (6.6)
\end{aligned}
$$

其中，Volume代表非违规企业的异常股票交易量，用违规公告日[-2，+2]期间的平均股票交易量除以违规前100天，即[-120，-21]期间的平均股票交易量计算（DeFond等，2007；Landsman等，2012）。Rank Abs Fraud CAR代表违规事件的信息含量，具体是对违规企业在[-2，+2]期间市场反应的绝对值进行五分位数处理，由低到高分别赋值为数值1至5。之所以先取绝对值再进行五分位处理，是因为由表6-2的Panel C可以看出，违规企业的市场反应Fraud CAR可能为正，也可能为负，而非违规企业的异常股票交易量始终为正。

在控制变量方面，除模型（6.1）中包含的控制变量外，本章还加入了可能影响股票交易量的分析师规模变量Ln（Numest），用违规公告前非违规企业的分析师数量加1后取自然对数计算。

表6-8报告了这部分的回归结果，第（1）列至第（2）列的控制变量是逐渐加入的。由表6-7的第（1）列可以看出，变量Rank Abs Fraud CAR上的系数为0.064，在5%的水平上显著（t=2.11）；加入变量

Ln（Numest）控制分析师规模后，Rank Abs Fraud CAR 上的系数仍在5%的水平上显著为正（估计值=0.064，t=2.13）。这一结果说明非违规企业的投资者对集团内的信息披露违规事件作出了反应，违规企业市场反应的绝对值越大，非违规企业的异常股票交易量越大，进一步证实了集团内市场反应层面的传染效应。

表6-8 股票交易量与传染效应

VARIABLES	Dep.Var=Volume	
	(1)	(2)
Rank Abs Fraud CAR	0.064**	0.064**
	(2.11)	(2.13)
SCALE	0.040	0.159***
	(0.83)	(2.65)
MTB	-0.024	-0.047
	(-0.62)	(-1.27)
LEV	-0.196	-0.231
	(-0.78)	(-0.94)
LOSS	-0.225*	-0.220*
	(-1.87)	(-1.89)
ROA	-1.722*	-1.121
	(-1.79)	(-1.23)
ST	-0.366***	-0.436***
	(-3.85)	(-4.24)
Ln（Numest）		-0.154***
		(-3.35)
Constant	0.431	-1.994
	(0.41)	(-1.58)
Industry Effects	Yes	Yes
Year Effects	Yes	Yes
Observations	421	421
R-squared	0.134	0.161

注：（1）使用企业层面聚类稳健标准误；（2）所有连续变量进行1%和99%分位数的缩尾处理；（3）括号内为t值；（4）***、**、*分别表示在1%、5%和10%的水平上显著（双尾检验）。

6.6 稳健性检验

为保证实证结果的稳健性，本部分对主要回归结论进行验证。首先，本章更换计算非违规企业和违规企业市场反应的时间窗口，结论依然成立。其次，本章对企业集团的股权性质进行检验，进一步说明市场反应层面的传染效应是通过集团控制链进行传播的，与企业集团的股权性质无关。

6.6.1 更换时间窗口

在前述分析中，本章使用了在违规公告期间［-2，+2］这一时间窗口内经市场调整的累积超额收益来衡量非违规企业和违规企业的市场反应。与前述不同，在此，本章更换计算市场反应的时间窗口来对主要结论进行验证。

具体来说，本章将使用以下两个时间窗口重新计算市场反应：（1）使用违规公告日前后［-1，+1］共3天经市场调整的累积超额收益作为市场反应，其中被解释变量非违规企业的市场反应记为CAR［-1，+1］，解释变量违规企业的市场反应记为Fraud CAR［-1，+1］，其五分位数变量为Rank Fraud CAR［-1，+1］；（2）使用违规公告日［0，+1］共两天经市场调整的累积超额收益作为市场反应，非违规企业的市场反应记为CAR［0，+1］，违规企业的市场反应记为Fraud CAR［0，+1］和Rank Fraud CAR［0，+1］。

首先，本章检验违规企业和非违规企业的市场反应是否显著为负。表6-9列示了T检验的结果。可以看出，在违规公告期间［-1，+1］的时间窗口内，违规企业的市场反应均值为-0.011，在1%的水平上显著为负（t=-4.435）；非违规企业的市场反应均值为-0.005，同样在1%的水平上显著为负（t=-2.562）。在［0，+1］的时间窗口内，违规企业的市场反应均值为-0.004，在5%的水平上显著为负（t=-1.753）；非违规企业的市场反应均值为-0.005，在1%的水平上显著为负（t=-3.190）。上述结果进一步证实了信息披露违规事件导致非违规企业的股东财富受损，验证了本章假设6-1的预期。

表6-9　　　　**更换时间窗口的T检验**

变量	CAR［-1，+1］				CAR［0，+1］			
	均值	标准差	T-Test		均值	标准差	T-Test	
			t-stat	p-stat			t-stat	p-stat
Fraud CAR	-0.011	0.051	-4.435	0.000	-0.004	0.045	-1.753	0.040
CAR	-0.005	0.034	-2.562	0.005	-0.005	0.034	-3.190	0.001

注：所有变量进行了1%和99%分位数的缩尾处理。

其次，利用本部分对被解释变量和解释变量的重新定义，本章对模型（6.1）进行回归，再次验证假设6-2的预期。表6-10报告了这部分的回归结果。第（1）列的结果显示，Rank Fraud CAR［-1，+1］上的系数在1%的水平上显著为正（t=3.61）；在第（2）列的回归中，为保证实证结果的稳健性，本章将解释变量替换为违规企业市场反应的连续变量Fraud CAR［-1，+1］，结论依然不变（t=3.57），进一步证实了非违规企业的市场反应与违规企业的市场反应之间的正相关关系。与之相似，表6-10的第（3）列和第（4）列的回归结果也显示Rank Fraud CAR［0，+1］和Fraud CAR［0，+1］上的系数均在1%的水平上显著为正（第（3）列估计值=0.004，t=2.92；第（4）列估计值=0.134，t=2.88），再次验证了假设6-2的预期。

表6-10　　　　**更换时间窗口的回归结果**

VARIABLES	Dep.Var=			
	CAR［-1，+1］		CAR［0，+1］	
	（1）	（2）	（3）	（4）
Rank Fraud CAR［-1，+1］	0.007*** （3.61）			
Fraud CAR［-1，+1］		0.186*** （3.57）		
Rank Fraud CAR［0，+1］			0.004*** （2.92）	

续表

VARIABLES	Dep.Var=			
	CAR [-1, +1]		CAR [0, +1]	
	(1)	(2)	(3)	(4)
Fraud CAR [0, +1]				0.134***
				(2.88)
SCALE	-0.000	-0.000	-0.000	-0.000
	(-0.00)	(-0.04)	(-0.16)	(-0.00)
MTB	0.000	0.000	0.002	0.001
	(0.19)	(0.04)	(0.86)	(0.59)
LEV	0.004	0.002	0.000	-0.002
	(0.27)	(0.13)	(0.02)	(-0.20)
LOSS	0.003	0.004	0.005	0.005
	(0.50)	(0.58)	(0.98)	(1.01)
ROA	0.050	0.046	0.026	0.020
	(0.84)	(0.76)	(0.50)	(0.39)
ST	-0.017**	-0.018**	-0.012*	-0.012**
	(-2.15)	(-2.24)	(-1.92)	(-2.00)
Constant	-0.026	-0.005	-0.013	-0.007
	(-0.42)	(-0.08)	(-0.26)	(-0.15)
Industry Effects	Yes	Yes	Yes	Yes
Year Effects	Yes	Yes	Yes	Yes
Observations	419	417	418	416
R-squared	0.103	0.103	0.095	0.098

注：（1）使用企业层面聚类稳健标准误；（2）所有连续变量进行1%和99%分位数的缩尾处理；（3）括号内为t值；（4）***、**、*分别表示在1%、5%和10%的水平上显著（双尾检验）。

6.6.2 国有企业和非国有企业

企业集团可以根据股权性质分为国有企业集团和非国有企业集团，Chen等（2015）的研究表明，两类企业集团都能够进行集团内资源的转移，只不过国有企业集团在满足投资机会方面的效率较低。本书第3章3.4.3的分析中也发现，国有企业集团和非国有企业集团都存在会计信息的声誉传染效应。在此，本章对股权性质进行考察，预期不论是国有企业集团还是非国有企业集团，集团内一家企业的违规行为都会导致非违规成员企业股东财富的损失。

为检验两类企业集团在传染效应上的潜在差异，本书将代表股权性质的变量SOE与主要的解释变量Rank Fraud CAR相乘，考察此交互项的系数是否显著异于零。其中，当上市公司所属企业集团为国有企业集团时，SOE取1，否则取0。本章将交互项和SOE这一单独变量都加入到模型（6.1），回归结果列示在表6-11中。表6-11第（1）列的回归中，被解释变量为CAR，为非违规企业在［-2，+2］期间的累积超额收益，交互项Rank Fraud CAR×SOE上的系数为负，但并不具有统计上的显著性（t=-0.14）；将被解释变量替换为CAR Delay，即非违规企业在［+3，+30］期间的累积超额收益后，第（2）列结果显示交互项上的系数仍不显著（t=-1.22）。以上结果说明，企业集团内市场反应层面的传染效应并不受到股权性质的影响。

表6-11　　　　**股权性质与传染效应**

VARIABLES	Dep.Var=	
	CAR	CAR Delay
	（1）	（2）
Rank Fraud CAR	0.010**	0.016
	（1.99）	（1.31）
Rank Fraud CAR×SOE	-0.001	-0.015
	（-0.14）	（-1.22）
SOE	0.002	0.078*
	（0.12）	（1.82）
SIZE	0.002	0.000
	（0.57）	（0.02）

续表

VARIABLES	Dep.Var=	
	CAR	CAR Delay
	(1)	(2)
MTB	0.003 (1.18)	0.024*** (3.55)
LEV	0.005 (0.30)	0.052 (1.31)
LOSS	-0.016* (-1.77)	0.001 (0.03)
ROA	-0.134** (-2.01)	-0.043 (-0.22)
ST	-0.001 (-0.06)	-0.044* (-1.67)
Constant	-0.091 (-1.43)	-0.239 (-1.33)
Industry Effects	Yes	Yes
Year Effects	Yes	Yes
Observations	469	469
Adjusted R-squared	0.042	0.056

注：(1) 使用企业层面聚类稳健标准误；(2) 所有连续变量进行1%和99%分位数的缩尾处理；(3) 括号内为t值；(4) ***、**、*分别表示在1%、5%和10%的水平上显著（双尾检验）。

6.7 本章小结

本书第3章的研究指出，投资者会因为集团内一家企业的信息披露违规行为，而对非违规成员企业披露的会计信息产生怀疑。那么在违规处罚公告的当期，投资者对非违规企业的怀疑将最终体现在股票价格上（Alexander，1999；Karpoff等，2008；Gleason等，2008；周泽将和刘中燕，2015），因此本章预期在处罚公告日的短时间窗口内，非违规企业的市场反应应显著为负，而且违规事件越严重，非违规企业的市场反应越低。

本书研究的逻辑框架是依次解决“会计信息的声誉传染效应是否存在→作用机制→应对措施→经济后果”这四个环环相扣的问题。本章考察的是本书研究框架中的最后一个问题：会计信息的声誉传染效应在市场反应层面的直接经济后果。

基于手工搜集的企业集团数据，本章对集团内非违规企业的市场反应进行考察，主要研究结论有：（1）对处罚公告［-2，+2］时间窗口内非违规企业的市场反应进行T检验，结果显示其显著为负。在稳健性检验中，本章对［-1，+1］和［0，+1］期间非违规企业的市场反应进行再次检验，发现均显著为负。这一结果说明非违规企业的声誉损失导致了其股东财富的损失。（2）单变量检验结果显示，非违规企业的市场反应占违规企业市场反应的比例约为11.837%，与Lang和Stulz（1992）发现的同行业内4%的传染效应相比，这是一个相当大的比例，说明与行业内的传染效应相比，企业集团存在更为强烈的传染效应。（3）对非违规企业与违规企业的市场反应进行回归，结果发现两者的市场反应显著正相关，说明集团企业在市场反应层面也存在相互传染的现象。（4）进一步分析发现，上述传染效应随着非违规企业和违规企业之间经济联系的增强而变大。（5）经济前景的改变也会引起非违规企业股票价格的波动，为排除这一可能，本章使用分析师预测修正作为市场对非违规企业经济前景的改变，对违规企业的市场反应进行回归。结果显示违规事件并未引起投资者对非违规企业经济前景的改变，由此排除了经济前景的改变导致股票价格降低这一假说，说明非违规企业股票价格的降低更可能是声誉损失造成的。（6）作为市场反应的另一个维度，本章发现非违规企业的异常股票交易量也与违规企业的股价波动显著正相关，进一步描述了声誉损失在股票交易量层面的经济后果。通过更换时间窗口和区分股权性质进行稳健性检验后，本章的主要研究结论依然成立。

总结而言，本书前述章节证实了一家企业的负面信息影响了集团内其他成员企业会计信息的声誉，本章的研究则进一步发现声誉的受损最终导致了企业股票价格的降低，说明负面会计信息声誉的传染效应损害了成员企业的企业价值。本章的研究仅仅是一个开端，后续对会计声誉传染效应经济后果的研究还可以从资本成本、现金流和企业投资等方面进行更深入的探讨。

第7章　结语

本章是本书的结语部分，具体安排如下：首先，本章对本书的主要研究结论进行总结归纳；其次，根据本书的研究结论提出相对应的政策建议；再次，提炼出本书研究的特色与创新之处；最后，对本书的研究局限性进行总结，并指出未来研究的可能方向。

7.1　主要研究结论

本书基于手工搜集的上市公司隶属企业集团的数据，按照“会计信息声誉传染效应是否存在→作用机制→应对措施→经济后果”这一逻辑框架，对会计信息的声誉传染效应进行了深入分析。本书按照以上思路进行了理论分析和实证检验，主要得到以下研究结论：

（1）会计信息的声誉传染效应存在于企业集团这一组织结构中。

针对本书的第一个研究问题，即会计信息的声誉传染效应是否存在，本书以信息披露违规这一外生事件为切入点，用盈余反应系数来衡量会计信息的声誉，研究发现，当集团内一家企业因信息披露违规而受到监管部门的处罚后，与违规处罚公告发布前相比，非违规企业在这一处罚公告发布后的盈余反应系数显著降低，且持续了近三个季度，说明集团内的信息披露丑闻削弱了投资者对其他成员企业会计信息质量的信心，证实了会计信息声誉传染效应的存在。进一步研究发现，集团内频繁发生的信息披露违规事件并不会导致非违规企业盈余反应系数的降低，因为通过长时间的多次博弈，投资者已经形成了对企业集团会计信息准确度的合理预期，因此，集团内频繁发生的信息披露违规事件，不会引起投资者对集团内非违规企业会计信息信任度的重新判断。此外，如果违规处罚事件与信息披露无关，那么这些违规事件也同样不会影响投资者对成员企业会计信息的评价和态度，具体表现为非违规企业的盈余反应系数并不会显著、持续地降低。最后，受到监管部门处罚后可能导致的信息环境的改善和政治关联的丧失同样可能降低集团内非违规企业盈余公告的反应系数，本书对这两个替代性假说进行了一一排除，说明非违规企业盈余反应系数的降低是由负面声誉的传染效应所导致的。进行企业集团聚类分析、配对样本回归以及分季度回归等稳健性检验后，研究结论依然成立。

（2）信息不确定性的存在导致了会计信息声誉传染效应的产生。

针对本书的第二个研究问题，即会计信息声誉传染效应的作用机制，本书通过理论分析指出，由于信息不确定性的存在，投资者需要使用其他公开的信息来修正对企业未来盈余的预测，进而导致投资者使用集团内企业违规的信息来修正对其他成员企业未来盈余的判断，这才使得集团内一家企业的违规行为损害了其他成员企业会计信息的声誉。本书实证检验证实了这一观点，研究发现非违规企业不确定性程度越高，其盈余反应系数的降低所持续的时间越长，会计信息声誉受损越严重，传染效应越强；而信息不确定性较低时，并不会产生会计信息的声誉传染效应。进一步研究发现，违规严重程度、非违规企业与违规企业的相似程度均会影响会计信息声誉传染效应的强度。进行企业集团聚类分析和更换变量计算方法的稳健性检验后，以上结论仍然成立。

（3）发生信息披露违规后，集团内的非违规企业更倾向于更换审计师，也易被审计师出具非标准审计意见；而且更换审计师的措施可以在一定程度上重塑非违规企业会计信息的声誉。

本书的第三个研究问题是考察哪些措施可以缓解会计信息的负面声誉传染效应，以挽回投资者的信心。审计师作为专业的信息中介，在一定程度上保证了企业的会计信息质量，因此采取更换审计师的措施可以在一定程度上提高财务报告的可信度，挽回声誉（谢羽婷等，2010；Chen等，2014）。本书研究发现，与对照组相比，发生信息披露违规后，集团内的非违规企业更倾向于更换审计师，而且被出具非标准审计意见的可能性更高；非违规企业采取更换审计师的措施后，与处罚公告发布前相比，处罚公告发布后的盈余反应系数并不会显著降低。综合这些结果，说明集团内违规提高了非违规企业更换审计师的概率，而且更换审计师的措施在一定程度上缓解了负面声誉的传染效应。

（4）会计信息的负面声誉传染效应损害了企业价值。

本书的第四个研究问题是会计信息的负面声誉传染效应在市场反应层面的经济后果，即对股东财富或企业价值的影响。如果集团内一家企业的丑闻影响了投资者对其他成员企业会计信息的判断，那么在丑闻发生的当期，其直接影响或经济后果应体现在股票价格上。本书研究发现，在违规公告的短时间窗口内，非违规成员企业有显著为负的市场反应，且这一市场反应与违规企业在相同时间窗口内的市场反应显著正相关，说明集团内的违规处罚事件使得非违规企业的企业价值受损，而且违规事件越严重，企业价值受损的程度越严重。进一步研究发现，非违规企业与违规企业之间经济联系越紧密，违规事件所导致的非违规企业的市场反应越强烈；本书还排除了因非违规企业经济前景的改变而导致市场反应发生改变这一替代性解释。本书在最后考察了非违规企业异常股票交易量的变化，研究发现非违规企业在短时间窗口的异常股票交易量与违规企业的市场反应显著正相关，进一步描绘了会计信息声誉传染效应在股票交易量上的经济后果。采用更换时间窗口和区分企业集团股权性质的稳健性检验后，结论依然成立。

7.2 政策建议

本书论证了单个企业的违规行为会引起集团层面系统性的声誉损失，这一发现对中国资本市场的监管提供了政策启示。根据Akerlof（1970）所阐述的“柠檬市场”的思想，市场中存在的部分低质量的产品一旦无法识别，将引起整个市场上消费者的逐步退出；映射到资本市场，Keung等（2010）在对于上市公司的研究中，将可能操纵财务报表的企业定义为“柠檬”。本书的证据表明，部分企业的违规行为引起了投资者对其他企业公开信息的怀疑，增加了资本市场中“柠檬”的比例，而预期“柠檬”比例的上升会引起市场参与者的逐步退出。意识到这一可能的后果，本书认为以下五个方面的政策建议可以缓解这一负面风险扩散的程度。

第一，规范集团内经济活动的公平性和独立性，并加强对企业集团信息披露的监管，这将缓解外部投资者对于集团内企业之间过于紧密的经济联系的顾虑。为了防止单个负面事件的危害扩散至整个企业集团，监管部门应着重加强对企业集团负面事件的关注和管理，积极采取措施降低负面风险外溢的程度，避免引起资本市场的动荡。例如负面事件发生后，监管部门可以鼓励或督促受牵连的关联企业及时向投资者披露相关信息，积极采取有针对性的、可视化的措施来缓解投资者对关联企业的怀疑，减轻负面传染效应所引起的连带责任，维护资本市场的稳定。

第二，监管部门应积极采取措施改善信息环境。本书的研究发现，由于信息不确定性的存在，投资者需要使用集团内其他企业的信息来对本企业的会计信息进行判断，进而导致了一家企业的负面信号损害了所有成员企业会计信息的声誉，而且成员企业不确定性程度越高，遭受的声誉损失越严重，而信息不确定程度较低的企业并未遭受声誉损失。这说明会计信息的负面声誉传染效应仅存在于信息不确定性较高的企业当中，因此，监管部门应当进一步完善企业信息披露制度的建设，提高企业信息透明度，缓解由信息不确定性所导致的声誉传染效应对单个企业和资本市场的负面影响。

第三，加大企业集团内违规事件的处罚力度，预期违规成本的增加将降低违规的概率。本书的研究表明，一家企业的违规行为所造成的负面影响已不仅仅局限于企业本身或所处行业，还波及了企业集团网络结构内的所有成员企业。因此，政府和监管部门在加强对企业集团的关注和完善企业集团治理体系的同时，还应进一步提高违规处罚力度，增加集团内上市公司的违规成本，以降低上市公司违规的倾向。

第四，重视企业集团在我国资本市场中的作用，建立企业集团治理体系。我国独特的制度背景和经济特征决定了企业集团在经济发展和资本市场中起着不容忽视的重要作用。作为新兴市场国家，我国仍处在市场经济转轨时期，外部市场制度的不健全使得资本市场难以通过市场竞争和价格机制来实现资源的优化配置，企业集团这种介于企业和市场的中间组织则代替了缺失的外部市场功能，促进经济高效有序发展。与此同时，本书的研究结果表明，如果能进一步认识到我国资本市场与发达资本市场的不同，更加重视企业集团在经济发展中所处的地位与发挥的作用，建立与完善符合我国现实背景的针对企业集团的治理体系，不仅对优化外部市场环境具有帮助作用，也对我国经济的长远发展具有重要且深远的意义。

第五，长期而言，应尝试改变中国上市公司和其隶属企业集团的组织结构，鼓励能长期持股的投资者参与到企业集团中，降低单个控股股东对成员企业的治理特征和集团内资源分配的影响力，促使企业更多地为其他外部股东创造价值。

7.3 研究特色与创新

本书的研究特色与创新之处主要体现在以下四个方面：

首先，本书从一个新的视角考察了会计信息的价值相关性问题。以往对会计信息声誉的关注较少，现有研究通常从信息与股票价格之间的直接关系着手对价值相关性问题进行考察，忽略了会计信息声誉这一中间环节（Ball和Brown，1968；Easton和Harris，1991；Ohlson，1995；Collis等，1999；Amir和Lev，1996；Cuellar等，2006；Wyatt，2008；

王燕妮和张书菊，2011；叶康涛等，2014）。目前对会计信息声誉的考察中，也仅限于研究企业披露的信息对自身会计信息声誉的影响（Chen等，2014），鲜有研究探讨关联企业的信息对本企业会计信息声誉的作用，即会计信息的声誉传染效应。与之不同，本书关注了这一研究领域的空白，发现一家企业的违规信号会损害同一集团内其他成员企业会计信息的声誉，最终导致了其他成员企业股东财富的流失。这些研究结论加深了我们对会计信息与资本市场关系的认识。

其次，本书从一个新的视角探讨了企业集团的经济后果。以往关于企业集团的研究主要集中于企业集团对于资源配置效率的影响（杨锦之等，2010；王峰娟和粟立钟，2013），以及企业集团是否促进了掏空和支持行为（Bae等2002；郑国坚等，2007；邵军和刘志远，2008），也逐渐有研究关注成员企业之间的业绩传染（黄俊等，2013）和股价相互影响的现象（赵艳秉和李青原，2016）。与现有研究不同，本书从声誉传染这一全新的角度，探讨了同一集团内不同企业之间会计信息的可信度之间相互影响的话题，丰富了企业集团经济后果的研究，深化了资本市场对企业集团的认识。

再次，本书从一个新的视角考察了资本市场传染效应的传导路径。以往关于资本市场传染效应的研究主要集中于美国资本市场，研究成果丰硕（Gleason等，2008；Chiu等，2013；Francis和Michas，2013），传染效应主要是通过相同的董事、审计师或行业等渠道进行传播。然而，由于美国的上市公司大都是独立存在的，并不隶属于某一企业集团，美国资本市场的传染效应主要通过上述外部网络渠道发生。与发达资本市场不同，企业集团是新兴资本市场上常见的组织形式，对我国的经济发展和资本市场的稳定也起着重要作用，考察传染效应是否也会通过企业集团这种内部网络渠道发生，不仅有利于增进我们对发展中国家资本市场的了解，也进一步补充了我们对传染效应传导路径的认识。

最后，本书从新的视角考察了审计师变更和审计意见的影响因素。以往研究发现，受到监管部门的违规处罚后，违规企业更易更换审计师（杨玉龙等，2014），而且违规处罚导致审计风险提高，因此违规企业更容易被审计师出具非标意见的审计报告（朱春艳和伍利娜，2009）。本书研究发现，并未发生违规但受到违规丑闻影响的集团内非违规企业也更倾向于更换审计师，而且也更有可能被出具非标审计意见。本书的研究一方面说明审计师变更也存在传染效应，丰富了审计师变更领域的研究视角，另一方面指出影响审计风险的因素不仅来自于企业内部或外部环境，还可能来自于所隶属的企业集团，拓展了审计意见影响因素的研究。

7.4 研究局限与展望

在前述的文献回顾和实证分析的过程中可以发现，虽然关于价值相关性、声誉和传染效应的文献众多，但价值相关性的文献大都集中于考察信息和股票价格之间的直接关系，忽略了会计信息声誉这一中间环节；声誉和传染效应的许多文献讨论了发达资本市场上通过外部网络渠道的传染或者银行之间存在的声誉传染效应，现有文献较少考察在中国资本市场上通过企业集团这一内部网络渠道存在的会计信息声誉的传染效应，更鲜有研究进一步探索会计信息声誉传染效应的作用机理、应对措施和对企业价值的影响等问题。本书虽然在这一问题上做了一定的尝试，以期拓展价值相关性和企业集团方面的研究，但受到数据限制、自身能力和其他客观因素的局限，本书的研究不可避免地存在不足之处，不过这些不足之处也暗示着研究契机和未来研究的方向。

具体而言，本书研究的不足之处主要体现在以下三个方面：

首先，本书只关注了负面事件所引起的会计信息声誉的传染效应，而这种传染效应是否具有对称性，即正面事件是否也会给集团内其他成员企业的声誉带来正面影响，本书并未予以讨论。在本书的研究中，笔者选取因信息披露违规而受到监管部门处罚这一外生负面事件，考察这一负面信息对集团内其他成员企业会计信息可信度的影响。之所以选取这一负面事件，是因为根据声誉传播的特点，在信息不对称的情形下，集体心理更倾向于信任“坏名声”而质疑“好名声”，而且博弈论和信息经济学指出，好事不一定传递消息，但坏事肯定传递消息。因此，本书并未选取传递好消息的正面事件为研究对象，而是选取违规处罚这一外生的负面事件为研究的切入点。然而，正面事件是否也会提升集团内成员企业会计信息的声誉也是一个饶有兴趣的话题，本书鼓励后续研究继续探讨这些相关话题。

其次，本书使用的研究数据存在一定的局限性。对于上市公司隶属于企业集团的信息，本书手工搜集的这部分数据截止到2014年，是因为中共中央和国务院于2015年8月印发了《关于深化国有企业改革的指导意见》，提出积极引入各类投资者实现国有企业股权多元化，鼓励国有企业改制上市。国有企业集团的改革和重组一方面导致集团边界的模糊和集团内成员企业的难以识别，二是会影响投资者对所有国有企业集团或某一国有企业集团前景的预期，对本书的研究产生干扰，而且本书样本中国有企业的季度观测值占总样本的比例接近90%，出于样本规模的限制无法仅针对非国有企业集团进行实证检验。鉴于此，本书手工搜集的企业集团的信息截止到2014年①。因此，由于研究样本的局限性，可能存在会计信息的声誉传染效应被低估或高估的可能，这是本书可能存在的第二个研究局限之处。

最后，本书对会计信息声誉传染效应应对措施和作用机理的分析不够全面。在考察会计信息的声誉传染效应的应对措施时，本书借鉴国内外研究的现行做法，选取更换审计师这一有利于提升投资者信心的有代表性的措施进行讨论。但是，企业承认错误并采取行动的方式有很多种，并不仅局限于更换审计师或高管。同样地，在对会计信息声誉传染效应的作用路径的分析中，本书认为一家企业的负面信息之所以会影响同一集团内其他成员企业会计信息的声誉，是因为信息不确定性的存在使得投资者使用了这一负面信息，并根据这一负面信息修正了对其他成员企业的判断，进而损害了其他成员企业会计信息的声誉。但一家企业的负面信息作用于集团内成员企业声誉的过程中，可能还有其他的中间环节和影响因素。例如，投资者应具备识别出附属于同一企业集团的两家上市公司的能力和搜集信息的能力，只有投资者识别出隶属于同一企业集团的两家上市公司，并获取了一家企业受到处罚的信息后，才能及

① 在实证检验中，由于本书是通过将违规事件前的盈余反应系数与违规事件后的盈余反应系数相对比来考察声誉的传染效应，因此，本书实证检验的样本期间为2007—2015年。

时作出反应并据此修正对另一家企业的判断。限于文章篇幅，本书对应对措施和作用机理的讨论并不能面面俱到，这是本研究面临的第三个局限性。

鉴于本书存在的这些局限性，未来的研究可以从以下方面进行补充和拓展：

首先，后续可以进一步研究会计信息的正面声誉传染效应。本书研究发现集团内一家企业的信息披露丑闻将损害其他成员企业会计信息的声誉，证实了会计信息的负面声誉传染效应的存在，并发现非违规企业声誉的损失引发了股东财富的损失。后续研究可以基于突发的正面外生事件考察会计信息的正面声誉传染效应，这不仅会使相关研究结论更加丰富可靠，也为企业集团的“支持假说”提供进一步的证据，即说明企业集团这一组织结构不仅可以将负面效应扩大，还可以使正面效应外溢，为集团内所有成员企业带来福利。但正面声誉的形成不会一蹴而就，需要长时间的积累，如何衡量正面声誉形成的时点也需要在今后的研究中进一步讨论和探索。

其次，拓展研究样本期间。本书手工搜集的上市公司隶属于企业集团的信息截止到2014年，虽然2015年发布的《关于深化国有企业改革的指导意见》会使国有企业集团边界模糊，同时影响投资者对国有企业集团的判断，对本书的研究产生干扰，但后续若能通过一些渠道获取更为完整的企业集团数据进行研究，将会使研究结论更为可靠。

再次，后续研究可以进一步探讨会计信息声誉传染效应的其他应对措施和作用机制。本书仅考察了更换审计师的措施对缓解负面声誉传染效应所起到的作用，后续研究还可以从其他提高会计信息质量和投资者信心的角度对这一问题进行考察。例如，可以探讨完善公司治理体系对挽回会计信息声誉的作用。此外，除了信息不确定性在会计信息声誉传染效应中起到的作用外，未来还可以从投资者能力方面着手，考察投资者对企业集团的识别能力和对信息的获取能力对传染效应的影响。

最后，本书的研究仅仅是一个开端，后续的研究还可以从多方面考虑这种声誉传染的经济后果，比如对资本成本、企业投资和未来现金流的影响等。投资者对非违规成员企业信息可信度的怀疑，使得信息不对称程度增加，进而导致权益资本成本的增加；信息不对称程度越高，债权人越难以对企业的未来经营成果形成合理稳定的预期，必然要求更高的贷款利率作为风险补偿，增加企业的债务资本成本。进一步地，融资成本的增加使得企业需要付出高额成本才能获得外部融资，因此企业投资会对内部现金流更加敏感；与此同时，信息不对称程度的增加又使企业投资减少，最终导致企业投资不足（Cleary 等，2007；屈文洲等，2011）。由此，会计信息的声誉传染效应是否会造成其他成员企业资本成本的增加、企业投资和未来现金流的减少，进而对企业具体的生产经营活动造成更大程度的损害，都是值得进一步探讨的话题。

参考文献

[1] 蔡志岳，吴世农．董事会特征影响上市公司违规行为的实证研究［J］．南开管理评论，2007（6）：62-68.

[2] 陈工孟，高宁．我国证券监管有效性的实证研究［J］．管理世界，2005（7）：40-47.

[3] 陈艳利，乔菲，孙鹤元．资源配置效率视角下企业集团内部交易的经济后果——来自中国资本市场的经验证据［J］．会计研究，2014（10）：28-35.

[4] 陈晓，陈小悦，刘钊．A股盈余报告的有用性研究——来自上海、深圳股市的实证证据［J］．经济研究，1999（6）：21-28.

[5] 蔡宁．信息优势、择时行为与大股东内幕交易［J］．金融研究，2012（5）：179-192.

[6] 醋卫华．公司丑闻、声誉机制与高管变更［J］．经济管理，2011（1）：38-43.

[7] 戴亦一，潘越，陈芬．媒体监督、政府质量与审计师变更［J］．会计研究，2013（10）：89-95.

[8] 方军雄．转型经济中声誉机制有效性研究——来自中国审计市场的证据［J］．财经研究，2011，37（12）：16-26.

[9] 方军雄，洪剑峭，李若山．我国上市公司审计质量影响因素研究：发现和启示［J］．审计研究，2004（6）：35-43.

[10] 冯延超，梁莱歆．上市公司法律风险、审计收费及非标准审计意见——来

自中国上市公司的经验证据［J］. 审计研究，2010（3）：75-81.

［11］ 黄俊，陈信元，张天舒. 公司经营绩效传染效应的研究［J］. 管理世界，2013（3）：111-118.

［12］ 高雷，何少华，黄志忠. 公司治理与掏空［J］. 经济学，2006，5（3）：1157-1178.

［13］ 黄俊，陈信元. 集团化经营与企业研发投资——基于知识溢出与内部资本市场视角的分析［J］. 经济研究，2011（6）：80-92.

［14］ 胡奕明，金洪飞. 证券分析师关注自己的声誉吗？［J］. 世界经济，2006（2）：71-81.

［15］ 雷宇. 声誉机制的信任基础：危机与重建［J］. 管理评论，2016，28（8）：225-237.

［16］ 李焰，陈才东，黄磊. 集团化运作、融资约束与财务风险——基于上海复星集团案例研究［J］. 管理世界，2007（12）：117-135.

［17］ 李海芹，张子刚. CSR对企业声誉及顾客忠诚度影响的实证研究［J］. 南开管理评论，2010，12（1）：90-98.

［18］ 李增泉，辛显刚，于旭辉. 金融发展、债务融资约束与金字塔结构——来自民营企业集团的证据［J］. 管理世界，2008（1）：123-135.

［19］ 李增泉，孙铮，王志伟. 掏空与所有权安排——来自我国上市公司大股东资金占用的经验证据［J］. 会计研究，2004（12）：3-13.

［20］ 梁杰，王璇，李进中. 现代公司治理结构与会计舞弊关系的实证研究［J］. 南开管理评论，2004（6）：47-51.

［21］ 李增福，汤旭东，连玉君. 中国民营企业社会责任背离之谜［J］. 管理世界，2016（9）：136-148.

［22］ 林晚发，李国平，王海妹，等. 分析师预测与企业债券信用利差——基于2008—2012年中国企业债券数据［J］. 会计研究，2013（8）：69-75.

［23］ 林钟高，丁茂桓，常青. 内部控制有效性、关系型交易与企业声誉［J］. 财务研究，2018（2）：25-37.

［24］ 刘斌，刘睿，王雷. 契约执行环境、审计师变更与债务融资［J］. 审计研究，2015（5）：84-92.

［25］ 刘睿智，张鲁秀. 企业声誉、研发投入与企业绩效［J］. 财经问题研究，2018（8）：105-111.

［26］ 刘行，李小荣. 金字塔结构、税收负担与企业价值：基于地方国有企业的证据［J］. 管理世界，2012（8）：91-105.

［27］ 刘玉廷，王鹏，薛杰. 企业会计准则实施的经济效果——基于上市公司2009年年度财务报告的分析［J］. 会计研究，2010（6）：1003-2886.

[28] 陆瑶，朱玉杰，胡晓元．机构投资者持股与上市公司违规行为的实证研究［J］．南开管理评论，2012（1）：13-23.

[29] 马金城，王磊．系族控制人掏空与支持上市公司的博弈——基于复星系的案例研究［J］．管理世界，2009（12）：150-163.

[30] 纳鹏杰，雨田木子，纳超洪．企业集团风险传染效应研究——来自集团控股上市公司的经验证据［J］．会计研究，2017（3）：53-60.

[31] 屈文洲，谢雅璐，叶玉妹．信息不对称、融资约束与投资——现金流敏感性［J］．经济研究，2011（6）：105-117.

[32] 潘越，戴亦一，林超群．信息不透明、分析师关注与个股暴跌风险［J］．金融研究，2011（9）：138-151.

[33] 邵红霞，方军雄．我国上市公司无形资产价值相关性研究——基于无形资产明细分类信息的再检验［J］．会计研究，2006（12）：25-32.

[34] 邵军，刘志远．企业集团内部资本配置的经济后果——来自中国企业集团的证据［J］．会计研究，2008（4）：47-53.

[35] 申明浩．治理结构对家族股东隧道行为的影响分析［J］．经济研究，2008，43（6）：135-144.

[36] 沈华玉，吴晓晖．信息不对称、信息不确定与定向增发中的利润承诺［J］．世界经济，2018（3）：170-192.

[37] 沈洪涛，王立彦，万拓．社会责任报告及鉴证能否传递有效信号？——基于企业声誉理论的分析［J］．审计研究，2011（4）：87-93.

[38] 石军伟，胡立君，付海燕．企业社会责任、社会资本与组织竞争优势：一个战略互动视角——基于中国转型期经验的实证研究［J］．中国工业经济，2009（11）：88-98.

[39] 王春飞，陆正飞，伍丽娜．企业集团统一审计与权益资本成本［J］．会计研究，2013（6）：75-82.

[40] 王峰娟，粟立钟．中国上市公司内部资本市场有效吗？——来自H股多分部上市公司的证据［J］．会计研究，2013（1）：70-75.

[41] 王永钦．声誉、认同与组织动态［J］．财经问题研究，2007（4）：35-40.

[42] 王燕妮，张书菊．R&D投入的价值相关性实证研究［J］．科学学与科学技术管理，2011（9）：17-22.

[43] 王晓珂，王艳艳，于李胜，等．审计师个人经验与审计质量［J］．会计研究，2016（9）：75-81.

[44] 伍利娜，王春飞，陆正飞．企业集团统一审计能降低审计收费吗［J］．审计研究，2012（1）：69-77.

[45] 武晓君，李延喜．公司声誉对公司效益影响的实证分析——基于“中国最

佳雇主TOP100”评选结果 [J]. 技术经济，2011，30（10）：114-119.
[46] 伍利娜，高强. 处罚公告的市场反应研究 [J]. 经济科学，2002，24（3）：62-73.
[47] 肖星，王琨. 企业集团特征与成员企业价值 [J]. 中国会计评论，2006（1）：1-14.
[48] 肖海莲，胡挺. 大股东侵占、公司声誉与公司绩效 [J]. 财贸研究，2007（6）：108-114.
[49] 熊风华，黄俊. 股权集中度、大股东制衡与公司绩效 [J]. 财经问题研究，2016（5）：69-75.
[50] 徐艳萍，王琨. 审计师联结与财务报表重述的传染效应研究 [J]. 审计研究，2015（4）：97-104.
[51] 薛健，窦超. 并购重组过程中的信息泄露与财富转移 [J]. 金融研究，2015（6）：189-206.
[52] 杨锦之，孙健，卢闯. 企业集团内部资本市场的存在性与效率性 [J]. 会计研究，2010（4）：50-56.
[53] 杨玉龙，张川，孙淑伟. 政治关联能否屏蔽证券监管对于审计师的治理效力——基于民营上市公司证券违规的情景考察 [J]. 审计研究，2014（4）：97-103.
[54] 杨玉凤，曹琼，吴晓明. 上市公司信息披露违规市场反应差异研究——2002—2006年的实证研究 [J]. 审计研究，2008（5）：68-73.
[55] 袁建国，后青松，程晨. 企业政治资源的诅咒效应——基于政治关联与企业技术创新的考察 [J]. 管理世界，2015（1）：139-155.
[56] 叶康涛，张姗姗，张艺馨. 企业战略差异与会计信息的价值相关性 [J]. 会计研究，2014（5）：44-51.
[57] 叶青，李增泉，李光青. 富豪榜会影响企业会计信息质量吗——基于政治成本视角的考察 [J]. 管理世界，2012（1）：104-120.
[58] 伊志宏，江轩宇. 明星VS非明星：分析师评级调整与信息属性 [J]. 经济理论与经济管理，2013（10）：93-108.
[59] 于富生，王成方. 承销商声誉、审计独立性与审计师选择 [J]. 审计与经济研究，2012（6）：33-41.
[60] 赵宇龙. 会计盈余披露的信息含量——来自上海股市的经验证据 [J]. 经济研究，1998（7）：41-49.
[61] 赵艳秉，李青原. 企业财务重述在集团内部传染效应的实证研究 [J]. 审计与经济研究，2016（5）：72-80.
[62] 张然，陈思，汪剑锋. PCAOB审计检查、审计师声誉与中概股危机 [J].

会计研究，2014（2）：71-78.

[63] 张瑞君，陈虎，张永冀. 企业集团财务共享服务的流程再造关键因素研究——基于中兴通讯集团管理实践［J］. 会计研究，2010（7）：57-64.

[64] 张宗新，潘志坚，季雷. 内幕信息操纵的股价冲击效应：理论与中国股市证据［J］. 金融研究，2005（4）：144-154.

[65] 郑国坚，魏明海，孔东民. 大股东的内部市场与上市公司价值：基于效率观点和掏空观点的实证检验［J］. 中国会计与财务研究，2007，9（4）：1-80.

[66] 郑秀杰，杨淑娥. 中国上市公司声誉对公司财务绩效的影响研究［J］. 管理评论，2009，21（7）：96-104.

[67] 郑莉莉，郑建明. 制度环境、审计声誉机制与收费溢价［J］. 审计研究，2017（5）：78-86.

[68] 甄红线，杨慧芳，王晓枫. 金字塔结构下企业集团的支撑效应——来自中国集团上市公司盈余公告效应的经验研究［J］. 会计研究，2015（8）：73-79.

[69] 周泽将，刘中燕. 中国独立董事声誉机制的有效性研究——基于违规处罚市场反应视角的经验证据［J］. 中央财经大学学报，2015（8）：102-112.

[70] 周晓苏，王磊. 保荐代表人声誉、定向增发盈余管理与股价长期市场表现［J］. 投资研究，2017，36（5）：29-47.

[71] 朱春艳，伍利娜. 上市公司违规问题的审计后果研究——基于证券监管部门处罚公告的分析［J］. 审计研究，2009（4）：42-51.

[72] 朱凯，赵旭颖，孙红. 会计准则改革、信息准确度与价值相关性——基于中国会计准则改革的经验证据［J］. 管理世界，2009（4）：47-54.

[73] AMIR E，LEV B. Value-relevance of nonfinancial information：the wireless communications industry［J］. Journal of Accounting and Economics，1996，22（1-3）：3-30.

[74] ANDERSON R C，REEB D M. Founding-family ownership and firm performance：evidence from the S&P 500［J］. The Journal of Finance，2003（58）：1301-1328.

[75] ANDERSON R C，REEB D M，ZHAO W. Family-controlled firms and informed trading：evidence from short sales［J］. The Journal of Finance，2012，67（1）：351-385.

[76] BAE K，KANG J，KIM J. Tunneling or value added? evidence from merges by Korean business groups［J］. The Journal of Finance，2002，57（6）：2695-2740.

[77] BALL R, BROWN P. An empirical evaluation of accounting income numbers [J]. Journal of Accounting Research, 1968, 6 (2): 159-178.

[78] BARRON O E, KIM O, LIM S C, et al. Using analysts' forecasts to measure properties of analysts' information environment [J]. The Accounting Review, 1998, 73 (4): 421-433.

[79] BIZJAK J, LEMMON M, WHITBY R. Option backdating and board interlocks [J]. Review of Financial Studies, 2009, 22 (11): 4821-4847.

[80] BURNS N, KEDIA S. The impact of performance-based compensation on misreporting [J]. Journal of Financial Economics, 2006, 79 (1): 35-67.

[81] CARTER R, MANASTER S. Initial public offerings and underwriter reputation [J]. The Journal of Finance, 1990, 45 (4): 1045-1067.

[82] CARTER R B, DARK F H, SINGH A K. Underwriter reputation, initial returns, and the long-run performance of IPO stocks [J]. The Journal of Finance, 1998, 53 (1): 285-311.

[83] CHEN X, CHENG Q, LO A. Is the decline in the information content of earnings following restatements short - lived? [J]. The Accounting Review, 2014, 89 (1): 177-207.

[84] CHEN G, FIRTH M, GAO D, et al. Ownership structure, corporate governance and fraud: evidence from China [J]. Journal of Corporate Finance, 2006, 12 (3): 424-448.

[85] CHEUNG Y, RAU P R, STOURAITIS A. Tunneling, propping and expropriation: evidence from connected party transactions in Hong Kong [J]. Journal of Financial Economics, 2006, 82 (2): 343-386.

[86] CHIU P C, TEOH S, TIAN F. Board interlocks and earnings management contagion [J]. The Accounting Review, 2013, 88 (3): 915-944.

[87] CLEARY S, POVEL P, RAITH M. The U - shaped investment curve: theory and evidence [J]. Journal of Financial and Quantitative Analysis, 2007, 42 (1): 1-40.

[88] COLLINS D W, PINCUS M, XIE H. Equity valuation and negative earnings: the role of book value of equity [J]. The Accounting Review: 1999, 74 (1): 29-61.

[89] DEFOND M, HUNG M, TREZEVANT R. Investor protection and the

information content of annual earnings announcements: international evidence [J]. Journal of Accounting and Economics, 2007, 43 (1): 37-67.

[90] DIETHER K B, MALLOY C J, SCHERBINA A.Difference of opinion and the cross section of stock returns [J]. The Journal of Finance, 2002, 57 (5): 2113-2141.

[91] DYCK A, MORSE A, ZINGALES L.Who blows the whistle on corporate fraud? [J]. Journal of Financial Economics, 2010, 65 (6): 2213-2253.

[92] EASTON P D, HARRIS T S. Earnings as an explanatory variable for returns [J]. Journal of Accounting Research, 1991, 29 (1): 19-36.

[93] FANG L, YASUDA A. The effectiveness of reputation as a disciplinary mechanism in sell-side research [J]. The Review of Financial Studies, 2009, 22 (9): 3735-3777.

[94] FEROZ E H, PARK K, PASTENA V S.The financial and market effects of the sec's accounting and auditing enforcement releases [J]. Journal of Accounting Research, 1991, 29: 107-142.

[95] FRANCIS J R, MICHAS P N.The contagion effect of low-quality audit [J]. The Accounting Review, 2013, 88 (2): 521-552.

[96] GLEASON C A, JENKINS N, JOHNSON W.The contagion effects of accounting restatement [J]. The Accounting Review, 2008, 83 (1): 83-110.

[97] GLEASON C A, LEE C M C.Analyst forecast revisions and market price discovery [J]. The Accounting Review, 2003, 78 (1): 193-225.

[98] GUISO L, SAPIENZA P, ZINGALES L.Trusting the stock market [J]. The Journal of Finance, 2008, 63 (6): 2557-2600.

[99] HE J, MAO X, RUI O, et al.Business groups in China [J]. Journal of Corporate Finance, 2013, 22 (5): 166-192.

[100] HENNES K M, LEONE A J, MILLER B P. The importance of distinguishing errors from irregularities in restatement research: the case of restatements and CEO/CFO turnover [J]. The Accounting Review, 2008, 83 (6): 1487-1519.

[101] HOLTHAUSEN R, VERRECCHIA R.The effects of sequential information releases on the variance of price changes in an intertemporal multi-asset market [J]. Journal of Accounting Research, 1988, 26 (1):

82-106.

[102] HUNG M, WONG T J, ZHANG F. The value of political ties versus market credibility: evidence from corporate scandals in China [J]. Contemporary Accounting Research, 2015, 32 (4): 1641-1675.

[103] IMHOFF E, LOBO G J. The effect of ex ante earnings uncertainty on earnings response coefficients [J]. The Accounting Review, 1992, 67 (2): 427-439.

[104] JACKSON A R. Trade generation, reputation, and sell-side analysts [J]. The Journal of Finance, 2005, 60 (2): 673-717.

[105] JIA N, SHI J, WANG Y. Coinsurance within business groups: evidence from related party transactions in an emerging market [J]. Management Science, 2013, 59 (10): 2295-2313.

[106] JIAN M, WONG T J. Propping through related party transactions [J]. Review of Accounting Studies, 2008, 15 (1): 70-105.

[107] JIANG G, LEE C M C, ZHANG Y. Information uncertainty and expected returns [J]. Review of Accounting Studies, 2005, 10 (2-3): 185-221.

[108] JIANG G, LEE C M C, YUE H. Tunneling through intercorporate loans: the China experience [J]. Journal of Financial Economics, 2010, 98 (1): 1-20.

[109] JOHNSON S, RYAN H, TIAN Y. Managerial incentives and corporate fraud: the sources of incentives matter [J]. Review of Finance, 2009, 13 (1): 115-145.

[110] KANAGARETNAM K, LIM C, LOBO G. Auditor reputation and earnings management: international evidence from the banking industry [J]. Journal of Banking and Finance, 2010, 34 (10): 2318-2327.

[111] KARPOFF J, LEE D, MARTIN G. The cost to firms of cooking the books [J]. Journal of Financial and Quantitative Analysis, 2008, 43 (3): 581-612.

[112] KEDIA S, KOH K, RAJGOPAL S. Evidence on contagion in earnings management [J]. The Accounting Review, 2015, 90 (6): 2337-2373.

[113] KEUNG E, LIN Z, SHIH M. Does the stock market see a zero or small positive earnings surprise as a red flag [J]. Journal of Accounting Research, 2010, 48 (1): 91-121.

[114] KHANNA T, PALEPU K. Is group affiliation profitable in emerging markets? an analysis of diversified Indian business groups [J]. Journal of Finance, 2000, 55 (2): 867-891.

[115] LANDSMAN W R, MAYDEW E L, THORNOCK J R. The information content of annual earnings announcements and mandatory adoption of IFRS [J]. Journal of Accounting and Economics, 2012, 53 (1-2): 34-54.

[116] LANG L H P, STULZ R M. Contagion and competitive intra-industry effects of bankruptcy announcements: an empirical analysis [J]. Journal of Financial Economics, 1992, 32 (1): 45-60.

[117] LEWELLEN J, SHANKEN J. Learning, asset-pricing tests, and market efficiency [J]. The Journal of Finance, 2002, 57 (3): 1113-1145.

[118] LOH R, STULZ R. When are analyst recommendation changes influential? [J]. The Review of Financial Studies, 2011, 24 (2): 593-627.

[119] MANDE V, SON M. Do financial restatements lead to auditor changes? [J]. Auditing: A Journal of Practice and Theory, 2013, 32 (2): 119-145.

[120] MEGGINSON W, WEISS K. Venture capitalist certification in initial public offerings [J]. The Journal of Finance, 1991, 46 (3): 879-904.

[121] MICHAELY R, SHAW W H. The pricing of initial public offerings: tests of adverse-selection and signaling theories [J]. The Review of Financial Studies, 1994, 7 (2): 279-319.

[122] MORRISON A D, WHITE L. Reputational contagion and optimal regulatory forbearance [J]. Journal of Financial Economics, 2013, 110 (3): 642-658.

[123] OHLSON J A. Earnings, book values, and dividends in equity valuation [J]. Contemporary Accounting Research, 1995, 11 (2): 661-687.

[124] RILEY JR R A, PEARSONM T A, TROMPETER G. The value relevance of non-financial performance variables and accounting information: the case of the airline industry [J]. Journal of Accounting and Public Policy, 2003, 22 (3): 231-254.

[125] RIYANTO Y, TOOLSEMA L. Tunneling and propping: a justification for pyramidal ownership [J]. Journal of Banking and Finance, 2008, 32 (10): 2178-2187.

[126] SKINNER D J, SRINIVASAN S. Audit quality and auditor reputation: evidence from Japan [J]. The Accounting Review, 2012, 87 (5): 1737-1765.

[127] STUART T E, YIM S. Board interlocks and the propensity to be targeted in private equity transactions [J]. Journal of Financial Economics, 2010, 97 (1): 174-189.

[128] TEOH S H, WONG T J. Perceived auditor quality and the earnings response coefficient [J]. The Accounting Review, 1993, 68 (2): 346-366.

[129] WILSON W M. An empirical analysis of the decline in the information content of earnings following restatements [J]. The Accounting Review, 2008, 83 (2): 519-548.

[130] WYATT A. What financial and non-financial information on intangibles is value-relevant? a review of the evidence [J]. Accounting and Business Research, 2011, 38 (3): 217-256.

[131] XU N, CHAN K C, JIANG X. Do star analysts know more firm-specific information? evidence from China [J]. Journal of Banking and Finance, 2013, 37 (1): 89-102.

[132] YEUNG P E. Uncertainty and expectation revisions after earnings announcements [J]. Contemporary Accounting Research, 2009, 26 (1): 273-301.

[133] ZHANG X F. Information uncertainty and stock returns [J]. The Journal of Finance, 2006, 61 (1): 105-136.